Roland Link

Gesicherter Zugang zum Firmennetzwerk mit PDAs auf Ba

Roland Link

Gesicherter Zugang zum Firmennetzwerk mit PDAs auf Basis Pocket PC 2003

GRIN Verlag

Bibliografische Information der Deutschen Nationalbibliothek: Die Deutsche Bibliothek
verzeichnet diese Publikation in der Deutschen Nationalbibliografie; detaillierte bibliografische Daten sind im Internet über http://dnb.d-nb.de/ abrufbar.

1. Auflage 2005
Copyright © 2005 GRIN Verlag
http://www.grin.com/
Druck und Bindung: Books on Demand GmbH, Norderstedt Germany
ISBN 978-3-638-70534-9

Diplomarbeit

Thema

Gesicherter Zugang zum Firmennetzwerk mit PDAs auf Basis Pocket PC 2003

Verfasser

Roland Link
Gütersloh

7. Semester
Studiengang Wirtschaftsinformatik

Eingereicht am
22. Februar 2005

Vorwort

Die Idee zu der vorliegenden Diplomarbeit entstand im Herbst 2004 in einem Gespräch mit einem Mitarbeiter und Kollegen der T-Systems International GmbH in Bielefeld. Thematisiert wurden dabei die dienstliche Verwendung von Pocket PCs und die damit verbundenen erforderlichen Sicherheitsmechanismen.

Resultierend aus dem Fachgespräch ging die Intention hervor, eine konkrete Abhandlung über die Möglichkeiten eines sicheren Zugangs zum Unternehmensnetzwerk mit einem *Personal Digital Assistant* (PDA) auf Basis des Microsoft-Betriebssystems *Pocket PC 2003* zu erarbeiten und zu begründen.

Ganz besonders danken möchte ich meinem Kollegen und Betreuer Herrn Christoph Neuhaus für die tatkräftige Unterstützung während der Ausarbeitungszeit. Herr Neuhaus hat mir bei einer Vielzahl von Fragen fachkundig und geduldig weitergeholfen. Für die engagierte und konstruktive Betreuung gilt ihm mein aufrichtiger Dank.

An dieser Stelle möchte ich mich auch bei Herrn Prof. Dr. Wilhelm Nüßer bedanken, der mir mit Rat und Tat zur Seite stand und dabei eine große Hilfe war.

Abschließend gebührt ein herzlicher Dank meiner Frau Katrin, die während der Diplombearbeitungszeit sehr viel Verständnis für meine Aufgabe zeigte und bereitwillig auf sehr viel gemeinsame Zeit verzichtete.

Gütersloh, im Februar 2005

Inhaltsverzeichnis

Abbildungsverzeichnis

Tabellenverzeichnis

Abkürzungsverzeichnis

AES	Advanced Encryption Standard
AH	Authentication Header
CA	Certificate Authority
CHAP	Challenge-Handshake Authentication-Protocol
C-WLAN	Corporate-Wireless Local Area Network
DES	Data Encryption Standard
DMZ	Demilitarisierte Zone
EAP	Extensible Authentication Protocol
ERP	Enterprise Resource Planning
ESP	Encapsulating Security Payload
GPRS	General Packet Radio Service
GPS	Global Positioning System
GSM	Global System for Mobile Communication
HSCSD	High Speed Circuit Switched Data
HTML	Hypertext Markup Language
HTTP	HyperText Transfer Protocol
IEEE	Institute of Electrical and Electronics Engineers
IKE	Internet Key Exchange
IP	Internet Protocol
IPSec	Internet Protocol Security
ISP	Internet Service Provider
LAC	L2TP Access Concentrator
LAN	Local Area Network
LNS	L2TP Network Server
L2F	Layer 2 Forwarding
L2TP	Layer 2 Tunneling Protocol
MAC	Media Access Control
MDA	Mobile Digital Assistant
MHz	Megahertz
MPLS	Multi Protocol Label Switching
MS-CHAP	Microsoft Challenge-Handshake Authentication-Protocol
NAT(-T)	Network Address Translation (-Traversal)
NTLM	New Technology LAN Manager
PAP	Password Authentication-Protocol
PCMCIA	Personal Computer Memory Card International Association
PDA	Personal Digital Assistant
PEAP	Protected Extensible Authentication Protocol
PIM	Personal Information Management
PIN	Persönliche Identifikations-Nummer
PKI	Public Key Infrastructure
POP	Point of Presence
POP3	Post Office Protocol Version 3
PPP	Point-to-Point Protocol
PPTP	Point-to-Point Tunneling Protocol
RADIUS	Remote Authentication Dial-In User Service
RAM	Random Access Memory
RAS	Remote Access Server
RC4	Ron's Cipher 4
RFC	Request for Comments
ROM	Read Only Memory
SA	Security Association
SE	Second Edition
SIM	Subscriber Identity Module

SSID	Service Set Identity
SSL	Secure Socket Layer
TCP	Transmission Control Protocol
TLS	Transport Layer Security
UDP	User Datagram Protocol
UMTS	Universal Mobile Telecommunications System
USB	Universal Serial Bus
VPN	Virtuelles Privates Netzwerk
WAN	Wide Area Network
WEP	Wired Equivalent Privacy
WLAN	Wireless Local Area Network
WPA	Wireless-Fidelity Protected Access

Zeichenerklärung

„..." kennzeichnet ein Zitat

(...) kennzeichnet eine Auslassung im Zitat

Schrifttypen:

Kursivschrift kennzeichnet Hervorhebungen im Text

Fettdruck kennzeichnet Überschriften im Text

1 Einleitung

In der Informationstechnologie werden heute die Unternehmen mit einer rasanten Entwicklung konfrontiert. Der Datenaustausch nimmt stark zu und macht die Kommunikationstechnologie zum Dreh- und Angelpunkt des heutigen Wirtschaftslebens. Die Anforderungen an die Unternehmensnetze steigen, da immer mehr Personen und Dienste in ihre Netzwerke integriert werden sollen. Hinzu kommt das Agieren auf globalen Märkten und eine wachsende Verflechtung der Unternehmen.

Eine besondere Bedeutung erfährt in diesem Zusammenhang die Mobilität: Hierzu zählt die Möglichkeit der Mitarbeiter, sich an verschiedenen Standorten des Unternehmens oder mehr noch, von jedem Punkt aus, mit einem einfachen Procedere jederzeit Zugang zum internen Netz zu erhalten. Nach dem Motto *Any Place-Any Time* haben sich auch die Hersteller technischer Geräte den Drang nach zunehmender Mobilität zur Aufgabe gemacht. Der Markt stellt hier eine Vielzahl von Lösungen bereit, angefangen vom Handy über PDA bis hin zum Smartphone.

Doch auch die Anpassung traditioneller Verfahren zum Datenaustausch wie Briefpost und Faxkommunikation haben mit wachsender Vernetzung von Rechnersystemen ihren Beitrag zu einer flexibleren Unternehmenskommunikation geleistet. Die Technologieanpassung bei der Datenübertragung auf elektronischem Weg hin zur verteilten und vernetzten IT-Struktur hat zu einer Vereinfachung, Beschleunigung von Abläufen und einer Weiterverarbeitung von Informationen geführt, bei der – früher übliche – Medienbrüche nahezu entfernt wurden. Um dieses Kriterium auf alle Unternehmensbereiche abzubilden, sind Prozess- und Netzerweiterungen erforderlich, die eine unmittelbare Verfügbarkeit von aktuellen Informationen gewährleisten. Interne Unternehmensnetze sind dabei nicht mehr nur auf den geographischen Standort und seine Außenstellen beschränkt. Eine flexible und gleichzeitig kostengünstige Ausweitung des internen Netzes zu den mobilen Mitarbeitern vor Ort sind hierzu erforderlich. Beispielsweise ist der Vertriebsmitarbeiter im Außendienst auf die Ressourcen und Informationen des Unternehmensnetzwerkes angewiesen.

Die Herausforderung einer maximalen Flexibilität fordert hingegen auch einen Höchstwert an Sicherheit, da der mobile Zugriff auf geschäftskritische Anwendungen und sensible Unternehmensdaten erfolgt. Dabei sind sowohl die mobilen Geräte als auch die Netzzugangsmöglichkeiten vor unberechtigter Nutzung zu schützen. Unter Zuhilfenahme spezieller Protokolle und Verschlüsselungsverfahren ist die Abschottung der unternehmenseigenen Daten gegenüber Unbefugten erzielbar.

1.1 Motivation

Die Mobilität gewinnt beim Datenaustausch zunehmend an Bedeutung.

Exemplarisch dargestellt am Beispiel eines großen Versicherungsunternehmens:
Die Außendienstmitarbeiter greifen über Handy und PDA mobil auf das firmeninterne Customer Relationship Management System zu, um so Aufträge einfach und schnell an die Unternehmenszentrale weiterzugeben. Mittels Bluetooth-Funktechnologie werden die Daten vom PDA an das Mobiltelefon übertragen und von hier aus direkt an das interne System gesendet.

Das mobile Büro schafft ein Großteil der Papierarbeit ab und setzt bei den Außendienstmitarbeitern neue Kapazitäten frei. Die Konzentration auf Kernaufgaben ist hier das Ergebnis.

Zentral gespeicherte Kunden- und Produktdaten stehen in aktueller Form dem Außendienst zur Verfügung. Die PDAs sind mittels Mobilfunk an die Zentrale angebunden und ermöglichen die Datenkommunikation zwischen mobilem Endgerät und zentraler EDV – *Any Place-Any Time*.

1.2 Aufgabenstellung und Zielsetzung

Gegenstand der vorliegenden Diplomarbeit ist die Darstellung von sicheren Zugangsmöglichkeiten zum Firmennetz mit einem PDA auf der Basis des Betriebssystems Pocket PC 2003.

Abgeleitet aus der Aufgabenstellung ergeben sich vordergründig vier zu berücksichtigende Kriterien:

- Die Sicherheit

- Der Einsatz im Unternehmen

- Der PDA als Zugangsmedium

- Pocket PC 2003 als Betriebssystem

Alle vier Komponenten zusammen bilden die Grundlage zur Betrachtung und Darstellung der Zugangstechniken und –Möglichkeiten. Das Kriterium Sicherheit muss dabei ganzheitlich betrachtet werden und die Sicherheitsbereiche der *Authentifikation für Geräte- und Netzwerk-Zugriff* sowie die *gespeicherten Daten* berücksichtigen.

Das Ziel dieser Arbeit ist es, vor dem Hintergrund der aktuell realisierbaren Übertragungswege und Schutzmechanismen die jeweils sicherste Zugangsvariante aufzuzeigen und auf die verbleibenden Restrisiken hinzuweisen. Dabei wird besonderes Augenmerk auf die mobilen Übertragungsmedien wie beispielsweise GPRS gelegt.

1.3 Vorgehensweise

Um den in der Aufgabenstellung und Zielsetzung genannten Ansprüchen gerecht zu werden, ist zunächst eine detaillierte Betrachtung der beteiligten Bereiche erforderlich. Welche Komponenten genau für den sicheren Zugang zum Unternehmensnetz (im folgenden *Mobile Corporate Access* oder *Remote Access* genannt) Anwendung finden, werden in der strukturierten Abbildung 1 dargestellt:

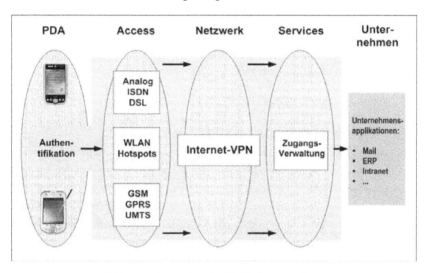

Abbildung 1: Systemübersicht Mobile Corporate Access

Das in der Abbildung 1 ganz rechts gezeigte Intranet stellt den Zielbereich des Remote Access dar und wird zu Beginn in Kapitel 2 erläutert. Im darauf folgenden Kapitel werden die in der Systemübersicht links eingezeichneten PDAs auf Basis von Pocket PC 2003 betrachtet. Es folgt die Beschreibung aller Zugangsmöglichkeiten zu Unternehmensnetzen in Kapitel 4 und die detaillierte Ausführung der VPN-Technologie mit ihren Tunnelprotokollen und Sicherheitsmechanismen in Kapitel 6. Die in der Abbildung 1 ergänzte Authentifikation und Zugangsverwaltung zählen als Bestandteile zum VPN und werden auch innerhalb des genannten Kapitels beschrieben.

Auf die nach Abbildung 1 strukturierte Vorgehensweise folgt in Kapitel 7 eine detaillierte Beschreibung des Zugangs mittels GPRS und WLAN. Beide Lösungsvarianten stellen die derzeit wichtigsten Übertragungsmedien für den mobilen Remote Access dar. Zuletzt werden anhand eines konkreten Projektes die einzelnen Schritte zur Implementierung einer PDA-Remote-Access-Lösung aufgezeigt. Dabei spielen in der erarbeiteten Lösung auch betriebswirtschaftliche Gesichtspunkte eine Rolle.

2   Grundlage eines Firmenintranets

In einer Zeit, in der die Information zunehmend zum obligatorischen Bestandteil der unternehmerischen Wertschöpfungskette wird, spielt das Intranet als Kommunikationsplattform und Informations-Pool eine entscheidende Rolle. „Die schnelle Verfügbarkeit von Informationen ist im Zeitalter des eBusiness der wichtigste Produktionsfaktor, der die Wettbewerbsfähigkeit der Unternehmen sichert."[1] Informationsprozesse müssen dafür verbessert und ausgebaut werden, um den hohen Anforderungen entsprechen zu können.

Die folgenden Teile beschreiben die Funktionen und Elemente eines Intranets und zeigen die an die Kommunikationsplattform gestellten Anforderungen auf.

2.1   Internet-Intranet-Abgrenzung

2.1.1   Wesentliche Elemente des Internet

Die Ausdehnung und Informationsfülle des Internet ist in den vergangenen Jahren geradezu explosionsartig gewachsen. Die vielseitige Verwendbarkeit des Informationsmediums spielt bereits in fast allen Bereichen des gesellschaftlichen und wirtschaftlichen Lebens eine Rolle. Das auch als 'virtuelle Wolke' bezeichnete Internet besteht aus einem losen Verbund von mittlerweile Millionen von Rechnern. Ursprünglich für militärische Zwecke konzipiert, ist aus dem Internet ein interaktives und globales Kommunikationsmedium entstanden. Der Begriff *Internet* steht dabei für *Interconnected Network* und bezeichnet ein weltweites Datennetz, das wiederum aus einer Vielzahl kleinerer lokaler Netze besteht. Die Offenheit des Massennetzwerkes und die dezentrale Struktur sind die wesentlichen Merkmale der Internet-Architektur.

2.1.1.1   Request for Comments (RFCs)

Bei der Entwicklung des Internets sind die technischen Konzepte zu den Netzarchitekturen und Protokollen in Form von RFCs dokumentiert. Diese bilden eine Quelle an Informationen zum Aufbau und der Struktur des Internets. Ferner werden alle Protokoll-Entwicklungen- und Standards in den RFCs beschrieben und veröffentlicht, darunter auch die Protokollfamilie TCP/IP.

2.1.1.2   OSI-Referenzmodell

Um Nachrichten über Kommunikationsmedien versenden zu können, „müssen diese nach einem festgelegten Protokoll transformiert, übertragen und wieder zurück transformiert werden. Das (...) OSI-Referenzmodell (...) legt dafür eine standardisierte Vorgehensweise fest. Das Modell besteht aus sieben Schichten, wobei jede Schicht die

---

[1] Hein, Mathias / Reisner, Michael (2002), S. 508

Aufgabe hat, Nachrichten der darüber liegenden Schicht entgegen zu nehmen, zu bearbeiten und sie unter Nutzung der Dienste der darunter liegenden Schicht weiter zu leiten."[2] Die einzelnen Kommunikationsschichten werden in folgender Tabelle dargestellt:

Schicht 7	Anwendungsschicht
Schicht 6	Darstellungsschicht
Schicht 5	Sitzungsschicht
Schicht 4	Transportschicht
Schicht 3	Netzwerkschicht
Schicht 2	Sicherungsschicht
Schicht 1	Bitübertragungsschicht

Tabelle 1: OSI-Referenzmodell

Die sieben Schichten lassen sich in die folgenden zwei Gruppen unterteilen:

- Transportorientierte Schichten (Layer 1 bis 4)
- Anwendungsorientierte Schichten (Layer 5 bis 7)

2.1.1.3 TCP/IP-Referenzmodell

Die TCP/IP-Protokolle bilden die Basis des gesamten Datenverkehrs im Internet und sind „aus dem Bereich der Kommunikation zwischen Rechnern einzelner Hersteller (...) nicht mehr wegzudenken, denn TCP/IP steht für alle wichtigen Rechnertypen zur Verfügung."[3] Das Referenzmodell ist auf die Internet-Protokolle zugeschnitten und macht den Datenaustausch über den Bereich lokaler Netzwerke hinweg möglich. Der dabei existierende Zusammenhang zwischen dem TCP/IP-Modell und dem OSI-Referenzmodell wird in Tabelle 2 verdeutlicht:

TCP/IP-Schicht	≈OSI-Schicht	Beispiel
Anwendung	5-7	HTTP
Transport	4	TCP
Netzwerk	3	IP
Netzzugang	1-2	

Tabelle 2: TCP/IP- versus OSI-Referenzmodell[4]

Die Tabelle 2 zeigt auf, dass die Anwendungsdienste im TCP/IP-Modell direkt auf der Transportebene, also dem TCP- oder UDP-Protokoll aufsetzen. Ferner werden hier auch keine Protokolle für die Schichten 1 und 2 definiert.[5] Die im Gegensatz zum OSI-Referenzmodell abgebildete TCP/IP-Schicht wird im Allgemeinen als vierschichtige Architektur beschrieben. „Die Schichtung beruht auf dem Prinzip, dass eine Schicht die

---

[2] Eckert, Claudia (2004), S. 75
[3] Hein, Mathias / Reisner, Michael (2002), S. 241
[4] vgl. http://de.wikipedia.org/wiki/TCP/IP-Referenzmodell
[5] vgl. Eckert, Claudia (2004), S. 82

angebotenen Dienste der darunter liegenden Schicht in Anspruch nehmen kann. Dabei braucht die Schicht, die die Dienstleistung in Anspruch nimmt, keinerlei Kenntnisse darüber haben, wie die geforderten Dienste erbracht werden. (...) Auf diese Art und Weise wird die Aufgabenstellung der Schichten erreicht. Daten, die von einem Applikationsprogramm über ein Netzwerk versendet werden, durchlaufen den TCP/IP-Protokollstapel von der Applikationsschicht zur Netzwerkschicht. Von jeder Schicht werden dabei Kontrollinformationen in Form eines Protokollkopfes angefügt. Diese Kontrollinformationen dienen der korrekten Zustellung der Daten. Das Zufügen von Kontrollinformationen wird als Einkapselung (Encapsulation) bezeichnet."[6] Die Abbildung 2 beschreibt den Ablauf einer Encapsulation und Decapsulation der Daten:

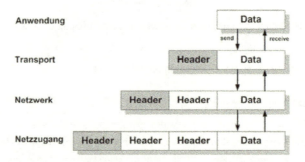

Abbildung 2: Protokollköpfe der Datenpakete bei TCP/IP[7]

2.1.1.4   Internet- und Transport Control Protocol (IP & TCP)

Grundsätzlich geht es bei allen Anwendungen wie beispielsweise beim Aufrufen von Web-Seiten oder dem Versand von E-Mails um die *Adressierung* und den *Transport* von Daten. Hierfür werden hauptsächlich die Netzwerkprotokolle *IP* und *TCP* verwendet. „IP ist das grundlegendste Internetprotokoll, das für die Weiterleitung der Daten zuständig ist. Es ermittelt die Route, auf der die Pakete verschickt werden sollen, zerlegt große Pakete in Teile, adressiert die Daten und wählt Übertragungsparameter aus. Allerdings verfügt IP über keinerlei eigene Kontrollstrukturen, die ermitteln könnten, ob das Paket korrekt übermittelt wurde. (...) Hier schaltet sich das TCP (...) mit seiner Kontrollstruktur ein. TCP sendet ein und dasselbe Paket so lange, bis es die Bestätigung erhält, das die Übertragung erfolgreich war, und das Paket unversehrt empfangen wurde. Bildlich gesehen stellt IP die Strasse zur Verfügung, über die TCP seine überwachten Transporte verschickt."[8] Das Protokoll IP bildet den Kern der Netzwerkschicht, wohingegen TCP das wichtigste Protokoll der darüber liegenden Transportschicht darstellt.

---

[6] Hein, Mathias / Reisner, Michael (2002), S. 242 f.
[7] vgl. Hein, Mathias / Reisner, Michael (2002), S. 242
[8] http://www.trojaner-info.de/firewall/firewall_glossar.shtml

Ein IP-Paket besteht aus einer Vielzahl von Feldern, die sich grob in Header und Datenteil gliedern lassen. Im Header befinden sich die Steuerinformationen, die dem Datenteil vorangestellt sind. Dazu gehören beispielsweise die Sende- und Empfangs-Adresse. Der Datenteil enthält die Nutzdaten, wobei jedes Paket nur einen begrenzten Umfang aufweist. Große Datenmengen werden gesondert in viele einzelne Pakete verpackt und versendet.

2.1.1.5 User Datagram Protocol (UDP)

Ein weiteres Standardprotokoll ist UDP, das ebenfalls zur Transportschicht zählt. Im Gegensatz zu TCP hat dieses Protokoll jedoch keine Mechanismen zur Verfügung, um eine sichere Datenkommunikation zum Zielrechner zu gewährleisten. „This protocol provides a procedure for application programs to send messages to other programs with a minimum of protocol mechanism. The protocol is transaction oriented, and delivery and duplicate protection are not guaranteed."[9] Da UDP keine verlustfreie Datenübertragung gewährleistet, ist es somit auch nicht für Applikationen geeignet, bei denen alle Datenpakete zwingend ankommen müssen. Im Gegensatz zu TCP liegt der Vorteil von UDP in der Schnelligkeit bei der Datenübermittlung.

2.1.1.6 HyperText Transfer Protocol (HTTP)

Als das wichtigste Protokoll im Internet kann *HTTP* genannt werden. Es bildet die Grundlage jeder Kommunikation zwischen dem Internet-Browser und dem Webserver. Die im Browser dargestellten statischen Web-Seiten sind in der Beschreibungssprache HTML geschrieben und werden mit Hilfe von HTTP übertragen. Das TCP-basierte Protokoll zählt in Bezug auf das OSI-Referenzmodell zur Anwendungsschicht und bietet eine kontrollierte Verbindung zwischen dem Sender und dem Empfänger.

2.1.2 Das Intranet als Internet im Unternehmen

Die wesentlichen Gemeinsamkeiten des Intra- und Internet liegen in der angewandten Technologie mit den bereits genannten Standards und Protokollen. Die Unterschiede dagegen lassen sich im Wesentlichen in der jeweiligen Zielsetzung und – bei kleinen sowie mittelständischen Unternehmen – in der geographischen Lage festmachen. Großkonzerne haben in der Regel durch die Vernetzung einer Vielzahl von nationalen und internationalen Standorten ein weitmaschiges Kommunikationsnetz, dass in bezog auf die geografische Ausdehnung des Internets eine ähnliche Dimension aufweist.

Sämtliche Komponenten des Internet sind außerhalb des Unternehmensnetzwerkes angeordnet und besitzen im theoretischen Ansatz normalerweise keine Verbindung zum Intranet. Diese Art der Isolation ist jedoch heutzutage in den meisten Fällen nicht

---

[9] http://www.ietf.org/rfc/rfc0768.txt?number=768

mehr haltbar. Um das unternehmenseigene Netz mit dem Internet zu verbinden, muss es mit gesonderten Schutzsystemen vor externer Bedrohung geschützt werden.

Die seit Jahren für die Kommunikation im Internet eingesetzten Web-Technologien wie Internet-Browser und E-Mail-Software finden auch im Intranet ihre Anwendung. Darüber hinaus werden auch weitere zusätzliche infrastrukturelle Dienstleistungen wie beispielsweise *Voice over IP* zunehmend im Intranet eingesetzt.[10]

2.2 Anforderungen an Intranets

Der Ausbau interner Informationsprozesse ist eine der entscheidenden Aufgabenstellungen innerhalb eines Unternehmens. Intranet-Projekte konzentrieren sich vordergründig auf publizierende Aktivitäten und sollen dabei berücksichtigen, dass die Information ein wesentlicher Bestandteil in der Wertschöpfungskette einnimmt. Die einzelnen Anforderungen und die daraus abzuleitenden Chancen und Vorteile werden in den drei Bereichen Organisation, Technik und Anwendungen beleuchtet.

2.2.1 Organisatorische Anforderungen

Der Einsatz eines Intranets soll dazu dienen, eine zentrale und für jeden Mitarbeiter verfügbare Datenbasis bereitzustellen. Die innerbetriebliche Kommunikationsplattform kann den Informationsfluss optimieren und eine effizientere Versorgung einzelner betrieblicher Bereiche mit notwendigen Informationen sicherstellen.

Der Zugriff auf wichtige Informationen kann mit Hilfe des Intranets wesentlich vereinfacht werden, so dass Mitarbeiter bei Bedarf Auskünfte bequem abrufen. Es ist jedoch nicht nur das Vorhandensein von Informationen wichtig, sondern darüber hinaus auch ihre Aktualität. Die Mitarbeiter sollen selbständig dem Prinzip *information on demand* folgen und sich bei Bedarf mit den Informationen versorgen, die sie zu einer bestimmten Zeit benötigen, und das bei einer größtmöglichen Aktualität.

Die Web-basierte Kommunikation und Informationsaufbereitung sollen routinierte Abläufe automatisieren und damit eine höhere Produktivität erzielen. Hinzu kommt die Möglichkeit weiterer Kosteneinsparungen, da die übers Unternehmensnetz geführte Kommunikation die Notwendigkeit von Konferenzen und Meetings reduziert.

Der Punkt zur Senkung der Kosten stellt sich bei der Einführung und Umsetzung des Intranets als ein wichtiges durchschlagendes Argument dar. Rationalisierungspotentiale ergeben sich im Bereich der Postbearbeitung, Hard- und Softwareinvestition durch Einsatz standardisierter Technologien und optimierter Prozesse durch kürzere Laufzeiten.[11]

---

[10] vgl. Lienemann, Gerhard / Dördelmann, Frauke (2003), S. 4ff.
[11] vgl. Vesper, Christian (1999), S. 6ff.

Die zunehmende Mobilität der Mitarbeiter im Unternehmen nimmt bei den Anforderungen einen besonderen Stellenwert ein. Der rasante Anstieg dienstlich genutzter Notebooks und PDAs macht eine konsequente Umsetzung organisatorischer, technischer und anwendungsorientierter Anforderungen an das Unternehmensnetz erforderlich. Bei der Organisation sollte dabei insbesondere berücksichtigt werden, dass die Informationen unabhängig von Ort und Zeit zur Verfügung gestellt werden.[12]

2.2.2 Technische Anforderungen

Grundsätzlich werden im Intranet die gleichen Techniken verwendet wie im Internet. Dies ist das Ergebnis der Verwendung standardisierter Netzwerkprotokolle und Softwarekomponenten. Der Einsatz der Protokollfamilie TCP/IP hat eine Homogenität der Kommunikationssoftware erreicht, die weder von der Rechnerhardware noch vom Betriebssystem abhängig ist. Dieser Punkt bildet die Anforderung, möglichst vorhandene Standards und die bestehende Infrastruktur bei der Einführung oder Weiterentwicklung von Intranet-Technologien zu integrieren. Hierbei kommt der technische Vorteil zum Tragen, dass die unterschiedlichen Rechnerplattformen des Betriebes integrierbar sind und somit durch das Intranet eine „Harmonisierung von IT-Strukturen"[13] erzielbar ist.

Bei der Betrachtung der technischen Anforderungen ist eine globale Strategie über alle Erfordernisse zwingend notwendig. Anforderungen an die Hardware oder das Netz sollten ohne eine Berücksichtigung der Applikationen und Services nicht isoliert konzipiert werden. Eine detaillierte Anforderungsanalyse erhöht zwar zunächst den Aufwand, zahlt sich jedoch langfristig gesehen aus.

Die aus der Sicht der Anwender wichtigste Anforderung an die Technik ist die schnelle Verfügbarkeit und zufrieden stellende Performance. Dabei kommt dem Netz als Transportmedium durch die Einführung der Client-Server-Struktur und Einsatz von Graphik-Anwendungen eine wichtige Rolle zu. Insbesondere Multimedia-Applikationen benötigen Netze, die mehr Daten in kurzer Zeit transportieren können. Dies führt dazu, dass grundsätzlich Anwendungen die technischen Anforderungen an ein Intranet stellen.[14]

Um möglichst vielen Mitarbeitern Informationen im Intranet zur Verfügung zu stellen, sollte ein hoher Verbreitungsgrad erzielt werden. Dabei ist nicht nur auf die nationalen und internationalen Standorte eines Unternehmens zu achten, sondern auch auf die unterschiedlichen Hardwareressourcen, mit denen die Mitarbeiter auf das Intranet zugreifen. Hier sind im wesentlichen Desktop-PCs, Notebooks und PDAs zu berücksichtigen. Die zunehmende Mobilität der Mitarbeiter und der damit verbundene Zugriff über mobile Geräte auf das Unternehmensnetz machen es erforderlich, eine Intranet-

[12] vgl. Lienemann, Gerhard / Dördelmann, Frauke (2003), S. 8ff.
[13] vgl. Vesper, Christian (1999), S. 17
[14] vgl. Hein, Mathias / Reisner, Michael (2002), S. 225

Technologie einzusetzen, die eine schnelle Verfügbarkeit und geringe Antwortzeiten gewährleisten.

Besondere technische Anforderungen bestehen bei der Verbindung des Intra- und Internet. Hierbei ist die Sicherheit des eigenen Unternehmensnetzes zu gewährleisten und der Informationsfluss vor unbefugtem Zugriff zu schützen.[15]

2.2.3 Anwendungsbezogene Anforderungen

Die Aufbereitung und Darstellung der Informationen stellt vor dem Hintergrund der Verschmelzung von Plattformen eine wesentliche Anforderung dar. Ob PDA, Mobiltelefon oder PC, eine benutzerfreundliche graphische Oberfläche wird für die jeweiligen Umgebungen erforderlich. Durch die Einführung der vom Internet bekannten zentralen Komponenten Webserver und Webbrowser können Daten über die verschiedenen Plattformen im Unternehmensnetz ausgetauscht werden. Dabei fungiert der Web-Server als Vermittler und koordiniert den Zugriff der verschiedenen Informationsquellen:

Abbildung 3: Funktion des Webservers

Der Webserver bündelt die Informationen aus den unterschiedlichsten Anwendungen und stellt diese auf dem „technologisch gesehen kleinsten gemeinsamen Nenner, dem Webbrowser dar".[16]

Je nach Anforderung und Unternehmensstruktur kann beim Aufbau eines Intranets zwischen den folgenden Integrationsgraden unterschieden werden:

---

[15] Sicherheitstechnische Details hierzu sind in Kapitel 6 erläutert
[16] Vesper, Christian (1999), S. 12

Integrationsgrad	Beschreibung
Niedrig	Aufbau von Informationssystemen
Niedrig	Einrichtung gemeinsamer Datenpools
Mittel	Interaktiver Erfahrungsaustausch (Diskussionsforen)
Hoch	Integration von Anwendungen

Tabelle 3: Beispiele für unterschiedliche Intranet-Integrationsgrade[17]

Zunehmend weist der Aufbau oder die Weiterentwicklung des Intranet einen hohen Integrationsgrad auf. Unternehmenseigene oder auch fremde Anwendungen (beispielsweise SAP) werden in die Web-Struktur eingebunden und über die gleich gestaltete Oberfläche des Webbrowsers präsentiert. „Primär elektronisch charakterisierte Geschäftsbeziehungen (E-Commerce) waren zunächst nur auf das Internet und damit auf die Außenbeziehung von Unternehmen beschränkt. Es ist aber zunehmend zu beobachten, dass eine Integration dieser Anwendungen in strategisch wichtige Unternehmenssysteme erforderlich wird (ERP-Systeme wie beispielsweise SAP)."[18] Die im Front-End-Bereich des Internet durch Kundeneingaben anfallenden Datenmengen, können bei entsprechender Integration des Intranet in die Back-End-Systeme eingespielt werden. Das Intranet entwickelt sich zunehmend zu einer breiten Basis verschiedener Anwendungen. Über das Darstellen unternehmenseigener Informationen hinaus, müssen Intranetapplikationen mittlerweile sehr eng mit externen Front-End- oder Internet-Systemen kooperieren. In der Praxis ist beispielsweise der Außendienstmitarbeiter oder der Vertriebsbeauftragte bei der Gewinnung neuer Kunden auf die Informationen der Buchhaltung (Zahlungsmoral, Liquidität, Bonitätsprüfung) angewiesen. Die durchgängige Kommunikation ist daher bei einem hohen Integrationsgrad zu einer wichtigen strategischen Anwendungsgrundlage geworden.

Über den klassischen Anwendungsbereich der Präsentation und Dokumentation sind bei der Nutzung des Intranet als Plattform folgende zusätzliche Einsatzbeispiele möglich:

- Help Desk
- Schwarzes Brett
- Foren
- E-Procurement
- E-Learning
- Instant Messaging (Echtzeitkommunikation)
- Voice over IP

Bei der Konzeption und Integration neuer Anwendungsbereiche ist über die Sicherstellung einer einheitlichen Oberfläche für alle Benutzer (Webbrowser) hinaus zu

---

[17] Lienemann, Gerhard / Dördelmann, Frauke (2003), S. 9
[18] Lienemann, Gerhard / Dördelmann, Frauke (2003), S. 3

berücksichtigen, dass Hardware-Plattformen wie PDAs, Mobiltelefone und PCs mehr und mehr verschmelzen.

2.3 Funktionalitäten

Je nach Integrationsgrad und Unternehmung kann und soll das Intranet bestimmte Funktionen übernehmen. Dazu zählen die möglichen Bereiche

- Statische Informationsbereitstellung (Dokumentationen, Unternehmenschronik)

- Dynamische Informationsbereitstellung (E-Procurement, Telefonlisten)

- Bereitstellung von Dateien und Software (Bestellformulare, Dateitransfer)

- Bereitstellung einer Kommunikationsplattform (Forum, Help Desk)

Sowohl die unter 2.2 genannten Anforderungen als auch die gewünschten Funktionalitäten sollten am Anfang eines Projektes festgelegt werden.[19]

---

[19] Lienemann, Gerhard / Dördelmann, Frauke (2003), S. 12ff.

3 Funktionsweise mobiler Geräte auf Basis Pocket PC 2003

Moderne Pocket PCs sind heutzutage nicht nur mehr Organisationstalente zum Verwalten von Terminen, Notizen und Kontakten. Darüber hinaus können mit einem PDA mobiles Arbeiten per Web und E-Mail ermöglicht werden.

Im vorliegenden Kapitel erfolgt eine detaillierte Betrachtung der Bereiche Hardware (Endgerät), Systemsoftware, Anwendungssoftware (Applikationen), Schnittstellen und zusätzlich Sicherheit. Die folgende Abbildung soll den Aufbau eines Pocket PCs mit seinen Komponenten grob veranschaulichen:

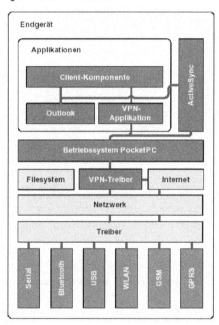

Abbildung 3: Schematische Darstellung eines Endgerätes[20]

Das Endgerät mit der vorhandenen Inhouse-Infrastruktur wird in den nachfolgenden Teilen systematisch beschrieben.

3.1 Hardware

Erste noch relativ große PDAs wurden in den 1990er Jahren von der amerikanischen Firma Apple unter der Bezeichnung Newton hergestellt. Darauf folgten leistungsfähigere Geräte des britischen Herstellers Psion mit eingebauter Tastatur. Trotz der Be-

---

[20] Technische Universität Berlin (2003), S. 13
    (Hinweis: Kommuniziert das Endgerät über eine der dargestellten Schnittstellen mit der Außenwelt, so wird dies über die blau dargestellten Verbindungswege erfolgen)

dienerfreundlichkeit und Zuverlässigkeit verlor Psion zunehmend Marktanteile an Hersteller tastaturloser PDAs. Insbesondere konnte sich die amerikanische Firma Palm 1996 mit den Geräten Pilot 1000 und Pilot 5000 auf dem Markt erfolgreich positionieren. Palm hat die stiftgesteuerten Taschencomputer mit erfunden und konnte für lange Zeit den nahezu kompletten PDA-Markt beherrschen. Das Quasi-Monopol wurde gebrochen, als Microsoft um die Jahrtausendwende das PDA-Betriebssystem Windows CE 1.0 entwickelte. Eine Vielzahl von Herstellern wie HP, Casio, Toshiba und Dell vertreiben mittlerweile PDAs mit dem weiterentwickelten Betriebssystem von Microsoft. Microsoft selbst baut bis heute keine eigenen Geräte im Gegensatz zu Palm. Die Pocket PCs mit dem Microsoft-Betriebssystem gewinnen zunehmend an Marktanteilen. Dies lässt sich unter anderem auf die Ähnlichkeit zum PC-Betriebssystem mit einer nahezu gleichen Bedienung zurückführen.[21]

Abbildung 4: Pocket PCs mit Windows-Betriebssystem[22]

3.1.1 Display

In der Regel besitzen die Pocket PCs ein Display mit 240 x 320 Bildpunkten Auflösung und bieten kurz über 65.000 Farben an. Unterschiede liegen dabei im Bereich der Helligkeit und im Kontrast.

„Die Bedienung erfolgt über einen speziellen Stift, der Platz im Gehäuse findet. Mit ihm öffnet und schließt man Programme durch leichten Druck auf den berührungsempfindlichen Bildschirm. Um Daten, etwa eine neue Adresse, aufzunehmen, schreibt man einzelne Buchstaben auf das Display, oder klickt die Buchstaben einer virtuellen Tastatur an."[23]

3.1.2 Prozessor

Die nicht viel mehr als ein Handy wiegenden PDAs bieten heutzutage als Mini-PC eine solide Computerleistung. Die Prozessoren für das Betriebssystem Pocket PC 2003 werden von den Unternehmen Intel, Motorola, Texas Instruments und Samsung hergestellt. In den meisten Fällen sind die PDAs jedoch mit Intel-Prozessoren ausgestattet,

[21] vgl. http://de.wikipedia.org/wiki/PalmOne
[22] http://h10010.www1.hp.com/wwpc/de/de/ho/WF05a/21259-21265-21265-21265-21265-1180789.html
http://www1.euro.dell.com/content/products/features.aspx/featured_handheld_2?c=de&cs=dedhs1&l=de&s=dhs
http://de.computers.toshiba-europe.com/cgi-bin/ToshibaCSG/product_page.jsp?service=DE& PRODUCT_ ID=73094
http://www.casio-europe.com/de/mde/eg800/
[23] http://www2.computeruniverse.net/tips/pda.asp

die derzeit eine Taktrate um die 500 oder bis zu 600 MHz aufweisen. Für PC-Büroan-
wendungen macht sich ein höherer Arbeitstakt des Prozessors aber kaum bemerkbar.[24]

3.1.3 RAM

Bis auf wenige Ausnahmen sind derzeit alle PDAs mit mindestens 64 MByte Arbeitsspeicher (RAM) ausgestattet. Beim Einsatz des Microsoft Betriebssystems Pocket PC
2003 ist zu beachten, dass hier Programme und Dateien bedeutend größer sind als
unter dem Palm Betriebssystem. Dies lässt sich auf die vielen standardmäßigen Multimedia-Funktionen zurückführen. Reicht der Arbeitsspeicher nicht aus, stehen zusätzlich erhältliche Speicherkarten als praktisches Speichermedium zur Verfügung.

3.1.4 ROM

Bei allen Pocket PCs befindet sich das Betriebssystem im so genannten ROM. Dieser
Speicher behält auch ohne Stromversorgung seine Inhalte bei und lässt sich durch die
von den einzelnen Herstellern angebotenen Updates aktualisieren. Da oft nicht der
ganze ROM-Speicher vom Betriebssystem in Anspruch genommen wird, kann ein Teilbereich des Speichers vom Anwender frei verwendet werden. Sind beispielsweise
zusätzliche Daten im ROM eingelagert, bleiben diese auch nach einem Ausfall der
Stromversorgung oder einem Hard-Reset erhalten.[25]

3.1.5 Akkubetriebsdauer

Die Akku-Laufzeit wird im Wesentlichen von der eingestellten Displayhelligkeit und
eventuell zusätzlich verwendeten Erweiterungskarten bestimmt. Ist eine geringe Displayhelligkeit eingestellt, beträgt die Betriebsdauer etwa 12 Stunden. Darüber hinaus
können für einige Geräte zusätzliche Hochleistungsakkus verwendet werden.

Um einen Datenverlust vorzubeugen, sind eine Vielzahl von Pocket PCs mit einem
Pufferakku ausgestattet. Dieser hält den Ruhemodus für eine kurze Zeit aufrecht, um
beispielsweise den leeren Hauptakku durch einen vollgeladenen zu ersetzen.

3.1.6 Erweiterungen

Um vor allen Dingen Platz zu sparen, setzen alle PDA-Hersteller nicht auf die im Note-
book-Bereich etablierten PCMCIA-Karten-Einschübe, sondern vornehmlich auf Com-
pactFlash- oder SecureDigital-Karten. Beide Systeme bieten über die Integration zusätzlicher Speicherkarten hinaus die Möglichkeit, auch Modems und Karten für Bluetooth oder Wireless LAN einzusetzen. Somit können auch PDAs ohne integrierte Funk-

---

[24] vgl. Gievers, Rainer (2003), S. 25f.
[25] vgl. Gievers, Rainer (2003), S. 26

anbindung durch entsprechende Erweiterungskarten ergänzt werden. Das Compact-Flash-System hält derzeit Karten mit einer Speicherkapazität von bis zu 4 Gigabyte bereit.[26] Demgegenüber sind die SecureDigital-Karten mit ihrem sehr viel kleineren Format in Größen bis zu 2 Gigabyte erhältlich.

Da PDAs ohne Tastatur sehr weit verbreitet sind, bietet sich auch für die Eingabe langer Texte der Anschluss einer externen Tastatur an. Diese sind aber grundsätzlich auf bestimmte Hersteller und Geräte-Typen zugeschnitten.

Um einen PDA auch ohne integrierte Mobilfunkfunktionalitäten zum kompletten Kommunikator zu erweitern, können beispielsweise Compact-Flash-Module den Pocket PC mit vollwertigen Handy-Features ergänzen.

Ebenfalls können seit einiger Zeit PDAs auch als Navigationssysteme eingesetzt werden. Ist ein GPS-Empfänger nicht bereits im Gerät eingebaut, kann dieser extern als Karte oder per Bluetooth dem Pocket PC hinzugefügt werden. Der PDA ist mit Hilfe der genannten Erweiterung in der Lage seine Position zu bestimmen. Hinzu kommt mit entsprechender Software die Möglichkeit, Pocket PCs auch zur Routenplanung einzusetzen.[27]

3.2 Systemsoftware

Die für das ordentliche Funktionieren des Pocket PCs erforderliche Systemsoftware besteht insbesondere aus dem Betriebssystem und der Synchronisationssoftware *ActiveSync*.

3.2.1 Betriebssystem

Neben den verschiedenen Gerätetypen werden von den Herstellern auch unterschiedliche Betriebssysteme eingesetzt. Dabei ist das Unternehmen Palm der einzige Hersteller, der sowohl die Geräte als auch das dazu passende Betriebssystem vermarktet. Palm zeichnet sich dadurch aus, dass es weniger Speicher benötigt und grundsätzlich etwas schneller arbeitet als sein Konkurrent Windows Pocket PC. Letztgenannter Anbieter nimmt dagegen in Sachen Multimedia und Internetfunktionalität die führende Rolle ein. Die nachfolgende Graphik veranschaulicht die Marktanteile der PDA-Betriebssysteme im 1. Quartal 2004:

---

[26] vgl. Gievers, Rainer (2003), S. 27
[27] vgl. http://de.wikipedia.org/wiki/Personal_Digital_Assistant

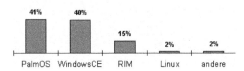

PDA-Betriebssysteme: Marktanteile im Q1/2004
(Angaben in Prozent)

Abbildung 5: Marktanteile der PDA-Betriebssysteme[28]

Der kanadische Anbieter Research in Motion (RIM) bietet mit seinem Betriebssystem und Gerät BlackBerry die Möglichkeit, in Echtzeit E-Mails zu empfangen oder zu versenden. Diese Mobilfunk-Komplettlösung kommuniziert über GPRS und beinhaltet eine vollständige optimierte Tastatur.

Im Gegensatz zu Palm und Windows sind bei dem Linux-Betriebssystem keine Lizenzgebühren zu entrichten. „Da Linux aber eigentlich für Desktop-PCs entwickelt wurde, eignet es sich am besten für PDAs mit Tastatur, da viele Funktionen eine Tastatureingabe erfordern und eine Stiftsteuerung nicht vorsehen."[29]

Die Ähnlichkeit zum PC-Betriebssystem und der damit verbundene leichtere Einstieg sind eine der wesentlichen Vorteile der Windows-Pocket PCs. Mit überarbeiteten und erweiterten Versionen konnte Microsoft in den vergangenen Jahren seinen Marktanteil kontinuierlich ausbauen.

3.2.1.1 Taschen PC

Anfang 1998 stellte Microsoft eine für stiftbediente Organizer angepasste Windows CE[30]-Version für PDAs vor. Die Vorgänger-Variante Windows CE 1.0 unterstützte keine Druckfunktion und war nur ansatzweise für Multimedia-Funktionen geeignet. Ende 1999 hielt dann bei den Taschen-PCs mit Windows CE 2.11 eine Version Einzug, die erstmals auch Farbdisplays möglich machte. Aufgrund der weiterhin komplizierten Bedienung und kurzen Akkubetriebsdauer entwickelte Microsoft ein komplett neues Betriebssystem.[31]

3.2.1.2 Pocket PC

Die überarbeitete Version Windows CE 3.0 wurde im Jahr 2000 vorgestellt. Damit änderte sich auch der Name der Geräteklasse von Taschen PC auf Pocket PC. Die wesentliche Weiterentwicklung erfolgte im E-Mail- und Internetbereich. Mit CE 3.0

---

[28] http://www.adam-riesig.de/parser.php?pageid=86&newsid=5727
[29] http://www2.computeruniverse.net/tips/pda.asp
[30] CE ist keine Abkürzung, sondern laut Microsoft ein Marketing-Begriff ohne weitere Bedeutung[31]
[31] vgl. Gievers, Rainer (2003), S. 15ff.

wurde erstmalig möglich, über ein Mobiltelefon eine Internetverbindung aufzubauen und E-Mails abzuholen oder zu versenden. Auch neue integrierte Applikationen wie Pocket Word und Pocket Excel wurden mit CE 3.0 gemeinsam vermarktet.[32] Was aber weiterhin fehlte, war die Möglichkeit, eine Verbindung zu Exchange-Servern aufzubauen.

3.2.1.3 Pocket PC 2002

Die Ende des Jahres 2001 eingeführte Version Pocket PC 2002 war eine Weiterentwicklung von CE 3.0. Äußerlich gesehen hielten sich die Änderungen in Grenzen. Die entscheidende Überarbeitung lag darin, dass seit der 2002er Version nur noch eine bestimmte Prozessortechnik für das Betriebssystem verfügbar war. Aufgrund einer optimaleren Anpassung an die Prozessorarchitektur wurde die Beschränkung auf einen Prozessortyp von Microsoft vorgenommen.

3.2.1.4 Pocket PC 2003

Im Sommer 2003 wurde von Microsoft das neue Betriebssystem Pocket PC 2003 vorgestellt. Diese neue Version - auch unter dem Namen Windows Mobile 2003 bekannt - basiert nicht mehr auf dem Betriebssystemkern CE, sondern CE.NET. Bei *.NET* handelt es sich um eine komplett neue Strategie von Microsoft, die nicht nur Programmiersprachen, sondern auch Produkte und Technologien beinhaltet. Für PDAs existiert dabei eine angepasste Version der .NET-Umgebung in Form des Compact Frameworks. „Das .NET Compact Framework gehört als Entwicklungsplattform für Smart Devices zur Microsoft .NET-Initiative und soll dazu beitragen, das von Microsoft formulierte Ziel zu realisieren: Kunden sollen jederzeit, überall und auf jedem Gerät von einer beeindruckenden Funktionsvielfalt profitieren können. Mithilfe des .NET Compact Frameworks ist es möglich, verwalteten Code (...) auch auf Smart Devices zu nutzen. Darüber hinaus können sichere, downloadbare Anwendungen auf Geräten wie PDAs (...) ausgeführt werden. (...) Als einer der wichtigsten Aspekte muss betont werden, dass das .NET Compact Framework zu drastisch reduzierten Kosten und deutlich effizienterer Entwicklung von Anwendungen für Smart Devices beiträgt. Damit haben Unternehmen eine weitere Möglichkeit zur Kostenersparnis: Sie können neue Anwendungen für den mobilen Einsatz entwickeln, auf diese Weise die Effizienz ihrer Mitarbeiter steigern und schließlich neue Marktchancen wahrnehmen."[33]

Pocket PC 2003 gestaltet die mobile Kommunikation neu durch eine Optimierung des Energiemanagements und der drahtlosen Kommunikation. Zum festen Bestandteil des Betriebssystems sind Bluetooth und Wireless LAN geworden. Der PDA kann so bei-

---

[32] vgl. Gievers, Rainer (2003), S. 15ff.
[33] http://www.microsoft.com/germany/ms/msdnbiblio/show_all.asp?siteid=545878

spielsweise leichter mit einem Bluetooth-fähigen Gerät verbunden werden. Der Verbindungsmanager wurde verbessert und ermöglicht die automatische Erkennung drahtloser Netzwerke. Hierbei ist speziell für Firmennutzer die Möglichkeit geschaffen worden, bei VPN-Verbindungen zwischen IPSec und PPTP auswählen zu können.[34] Hinzu kommt zur erhöhten Sicherheit eine Benutzeroberfläche zur Verwaltung digitaler Zertifikate.

Nachgebessert wurde von Microsoft auch die Browserarchitektur *Pocket Internet Explorer*. Die aktualisierte Version ist in der Lage, schneller Seiten aufzubauen und berücksichtigt dabei die wichtigsten Web-Standards wie HTML.

Zur Verbesserung der E-Mail- und Datenaustausch-Funktionalitäten unterstützt Pocket PC 2003 außerdem Exchange Server 2003 für den einfachen E-Mail-, Kalender- und Kontakt-Datenabgleich. Bislang konnten entsprechende Anwendungen nur über einen PC synchronisiert werden. Um hierbei dem Anwender eine mobilere Lösung zu ermöglichen, ist die Option des direkten Zugriffs auf Exchange-Server umgesetzt worden.

3.2.2 ActiveSync

ActiveSync ist im Lieferumfang aller PDAs enthalten und dient grundsätzlich der Synchronisation von Terminen, Aufgaben, Kontakten und Notizen mit Microsoft Outlook. Darüber hinaus können auch Dateien zwischen dem PDA und PC kopiert werden. Die Microsoft-Software ActiveSync stellt dabei eine Verbindung zwischen dem Pocket PC und dem PC her, konfiguriert die Verbindung und ermöglicht dem Anwender eine Auswahl der Elemente vorzunehmen, die im einzelnen zwischen den beiden Geräten abgeglichen werden sollen. Zusätzlich kann auch per ActiveSync ein Backup des Pocket PCs angefertigt werden.[35]

Die Synchronisation kann prinzipiell über alle die unter Teil 3.4 genannten Schnittstellen erfolgen. Eine Auswahl des Verbindungsweges sollte aber grundsätzlich den Umfang der abzugleichenden Daten berücksichtigen (Backup).

3.3 Anwendungssoftware

Bereits im Auslieferungszustand befindet sich auf den PDAs neben den Komponenten der Systemsoftware eine breite Palette von zusätzlicher Anwendungssoftware. Die einzelnen Bereiche der Anwendungen, die den Benutzer bei der Ausführung seiner Aufgaben unterstützen, sind im Wesentlichen:

---

[34] Die detaillierte Betrachtung der genannten Sicherungsmechanismen erfolgt in Kapitel 6
[35] vgl. Grieser, Franz (2004), S. 63ff.

3.3.1 PIM

Die wichtigsten Applikationen des PDAs sind unter der Bezeichnung PIM-Software zusammengefasst und werden in der Regel standardmäßig mit dem Gerät ausgeliefert. Im Einzelnen sind dies das Adressbuch, der Terminplaner, der Kalender, der Notizblock und der Aufgabenplaner. Alle fünf genannten Anwendungen sind im Produkt Pocket Outlook enthalten und werden – im Gegensatz zu Outlook 2002/2003 auf dem PC – separat geöffnet. Weiteres Feature ist natürlich die E-Mail-Verwaltung mit einem Posteingang, der die im Mail-Bereich üblichen Protokolle unterstützt.

3.3.2 Office

Die Office-Programme *Pocket Word* und *Pocket Excel* sind abgespeckte Versionen der Desktop-Programme. Für beide Anwendungen gibt es spezielle PDA-Formate, in die ActiveSync automatisch entsprechende Texte oder Tabellen der Desktop-Versionen konvertiert. Beim Betriebssystem Pocket PC 2003 „ist ebenfalls eine Konvertierungs-Routine enthalten, welche Dateien, die als E-Mail-Anhang eingegangen sind, konvertiert."[36]

Mit der im Lieferumfang enthaltenen Anwendung *Microsoft Reader* können E-Books bequem beim PDA im Querformat gelesen werden. Zusätzlich können auch eingebettete Skizzen, Grafiken und Bilder mit der genannten Applikation gezoomt werden.

3.3.3 Multimedia und Grafik

Insbesondere im Grafik- und Multimediabereich profitieren die Anwender von den relativ großen Bildschirmen der Pocket PCs. Eines der wichtigsten Applikationen in diesem Segment ist beim Betriebssystem Pocket PC 2003 der Windows Media Player 9 für Musik- und Videodateien. Dieser bringt fast den gleichen Funktionsumfang mit wie sein Pendant unter Windows XP. Die wesentlichen Codecs werden mit dem PC-Player unterstützt und ein verbessertes Energiemanagement sorgt für eine längere Akkubetriebsdauer.

Mit *Pictures Image Viewer* bietet Pocket PC 2003 ein Programm zur Bildbetrachtung und –bearbeitung. Jedes Bild kann einzeln oder auch alle in einer Diashow angeschaut werden. Darüber hinaus gibt es eine Vorschau der Bilder und die Möglichkeit, Helligkeits- und Kontrastwerte anzupassen.[37]

Alle bisher unter Teil 3.3 genannten Applikationen sind Bestandteil des Lieferumfangs, wenn die PDAs mit dem Betriebssystem Pocket PC 2003 ausgestattet sind. Weitere

---

[36] Gievers, Rainer (2003), S. 67
[37] vgl. http://www.microsoft.com/windowsmobile/about/tours/ppc/2003/pictures.mspx

Software für spezielle Anforderungen kann per Kabel oder drahtlos in den PDA über-spielt werden.

3.4 Schnittstellen

PDAs mit dem Betriebssystem Pocket PC 2003 unterstützen mehrheitlich folgende Schnittstellen für eine Datenkommunikation:

3.4.1 Drahtlose Schnittstellen[38]

- Infrarot

- Bluetooth

- Wireless LAN

Sind Bluetooth und Wireless LAN nicht integriert, so kann der PDA über die Karten-leser-Schnittstelle (siehe Abschnitt 3.4.3) mit geeigneten Funkmodulen ergänzt werden.

3.4.2 Kabelgebundene Schnittstellen

- Seriell

- USB

Die serielle Schnittstelle war in der Vergangenheit der Standard zur Anbindung des PDAs an den PC. USB hat diesen Standard abgelöst und bietet darüber hinaus eine schnellere Datenübertragungsrate. Einige Pocket PCs werden derzeit aber auch noch mit beiden Schnittstellen ausgestattet.

3.4.3 Sonstige Schnittstellen

- Kartenleser

- Docking-Station

Die integrierten Kartenleser-Schnittstellen sind – wie schon unter Abschnitt 3.1.6 erwähnt – nicht nur zur Erweiterung des Speichers verwendbar. Diese Schnittstelle er-möglicht es, den PDA um eine Vielzahl anderer Funktionen wie Mobilfunk zu ergänzen. Einige Pocket PCs sind mit zwei Karteneinschüben versehen, jeweils eine Secure-Digital- und eine CompactFlash-Schnittstelle.

Die Docking-Station ist eine bequeme Aufbewahrungsmöglichkeit für den PDA. Sie ermöglicht die schnelle und komfortable Synchronisation mit dem Desktop-PC und lädt darüber hinaus den Akku des Pocket PCs wieder auf.

---

[38] Eine detaillierte Betrachtung der drahtlosen Übertragungsmedien erfolgt in Kapitel 4

3.5 Sicherheit

Pocket PCs weisen heute schon mehr Speicher und Rechenpower auf als ein PC in den frühen Jahren. Darüber hinaus sind sie mit aktuellster Kommunikations-Technologie wie WLAN und Bluetooth ausgestattet. Doch alle diese Features bergen gewisse Risiken in sich.[39] Berechtigt ist dabei die Frage, wie den hohen Sicherheitsansprüchen gerecht werden kann, wenn schon die Sicherheit eines Pocket PCs ein nicht zu unterschätzendes Risiko darstellt.

Im vorliegenden Teil geht es um die Abwehr von Bedrohungen beim

- Zugriff auf das Gerät (Authentifikation) und

- Zugriff auf die gespeicherten Daten (Datensicherheit).

Eine darauf aufbauende detaillierte Betrachtung bezüglich des Zugriffs auf das Netzwerk erfolgt in Kapitel 6 (verbindungsbezogene Authentifikation).

3.5.1 Gerätebezogene Authentifikation

Das Risiko einer unberechtigten Inbetriebnahme des Pocket PCs ist schon auf Grund seines überwiegend mobilen Einsatzes nicht von der Hand zu weisen. „Although we established strong perimeters for our infrastructure, the highly mobile PDAs, first introduced with corporate approval as personal information management devices, were subject to risks that could bypass our strong perimeter and compromise our organisation. It is the same risk faced by laptop computers: being easily lost or stolen. A study done by Safeware, The Insurance Agency, Inc., reports that 591.000 laptops were stolen in 2001. With respect to PDAs specifically, the Gartner Group estimates that 250.000 handheld devices were lost in U.S. airports in 2001."[40]

Um eine zuverlässige Berechtigungskontrolle zu gewährleisten, ist die Authentifikation des Anwenders zwingende Voraussetzung. „Zur Abwehr von Bedrohungen, die sich aus Maskierungsangriffen ergeben, sowie zur Abwehr unautorisierter Zugriffe müssen Subjekte und sicherheitsrelevante Objekte eindeutig identifizierbar sein. Subjekte müssen ferner in der Lage sein, ihre Identität nachzuweisen, also sich zu authentifizieren, so dass Authentifikationsmerkmale festzulegen sind."[41] Hierzu werden in der Praxis beispielsweise folgende Verfahren angewandt:

- PIN- oder Passwortanmeldung

- Biometrische-Körpermerkmale (Fingerabdruck, Stimme, Iris)

- Handschrift

---

[39] http://www.competence-site.de/itsecurity.nsf/FE19426D402EAEBEC1256F20003A037C/$File/ mobile_security_stefan_strobel_cirosec.pdf

[40] Melnick, David / Dinman, Mark / Muratov, Alexander (2003), S. 21

[41] Eckert, Claudia (2004), S. 187

Um den Pocket PC beispielsweise bei Verlust gegen die Verwendung Fremder zu schützen, sind einzelne PDAs mit einem biometrischen Fingerabdruckleser ausgestattet. Diese Funktion zur Authentifizierung kann dann wahlweise per Fingerabdruck und / oder PIN erfolgen.

Das einfachste und für alle PDAs mit Pocket PC 2003 verfügbare Verfahren ist die PIN- oder Kennwortanmeldung. Hierbei kann zwischen einer einfachen 4-stelligen PIN, einem komplexen alphanumerischen Kennwort oder keinem der beiden Verfahren ausgewählt werden.

Abbildung 6: Auswahlmenü zur optionalen Kennwortfestlegung[42]

3.5.1.1 Anmeldung per numerischer PIN

Die Standardanmeldung mit einer 4-stelligen PIN ist kein effektives Verfahren um Brute-Force-Angriffe[43] zu verhindern. Mit den nur 10 zur Verfügung stehenden Zahlen ergibt sich bei einer 4-stelligen Folge eine mögliche Ziffernkombination von 10.000. „Es existiert zwar eine nach jeder Falscheingabe länger werdende Verzögerung (...), ein Mechanismus zum automatischen Löschen aller auf dem PDA gespeicherten Daten nach einer bestimmten Anzahl falscher Eingaben ist jedoch im Auslieferungszustand des Gerätes nicht verfügbar."[44] Einen wirksameren Schutz und damit verbunden eine höhere Sicherheit bietet die Anmeldeprozedur per alphanumerischem Kennwort.

3.5.1.2 Anmeldung per alphanumerischem Kennwort

Auch wenn die Anmeldung mit dem komplexeren Mechanismus eines alphanumerischen Kennworts erfolgt, ist ein automatisches Löschen der sensiblen Daten nach einer Anzahl x falscher Eingaben nicht verfügbar. Dennoch bietet dieses Verfahren gegen mögliche Brute-Force-Angriffe im Gegensatz zur PIN-Anmeldung einen wirksameren Schutz. Das Kennwort muss mindestens 7 und maximal 40 Zeichen lang sein

---

[42] T-Mobile (2003), S. 74
[43] steht für das simple Ausprobieren verschiedener Passwortmöglichkeiten
[44] Technische Universität Berlin (2003), S. 32

und aus einer Kombination von Großbuchstaben, Kleinbuchstaben, Ziffern und Interpunktionszeichen bestehen.

3.5.1.3 Weitere Authentifikations-Lösungen

Über die zwei bei Pocket PC 2003 enthaltenen Zugangsmöglichkeiten hinaus sind weitere kostenpflichtige Software-Lösungen mit beispielsweise folgenden Mechanismen einsetzbar:

- Wird das Kennwort zum x-ten Mal falsch eingegeben oder der Pocket PC innerhalb eines bestimmten Zeitraumes nicht synchronisiert, erfolgt eine Löschung der Daten.
- Kennwort kann über alphanumerische Zeichen hinaus auch aus Symbolen bestehen
- Anmeldemodul mit biometrischer Handschrifterkennung

Da in den meisten Fällen der dienstlich genutzten PDAs vertrauliche Daten auf dem Gerät abgelegt sind, sollte ein möglichst effektives Authentifizierungsverfahren Anwendung finden.

Wichtig zu beachten ist aber, dass „der Authentifikationsmechanismus einer Software relativ leicht durch Aufschrauben des Gerätes und Ausbau des geräteinternen Speichers umgangen werden"[45] kann. Um dies zu verhindern, muss die Datensicherheit gewährleistet sein.

3.5.2 Gerätebezogene Datensicherheit

Die Datensicherheit wird durch die *Verschlüsselung* von Informationen und dem *Virenschutz* erzielt.

3.5.2.1 Verschlüsselung

Wird ein Gerät aufgeschraubt, um den Zugangsmechanismus zu umgehen, können unverschlüsselte Daten auch ohne Kenntnis des Anmeldepasswortes gelesen werden. Die zentrale sicherheitsrelevante Verschlüsselung verwendet dabei Algorithmen wie beispielsweise AES und findet in folgenden Zielbereichen des PDAs Anwendung[46]:

- PIM-Daten
- E-Mails
- E-Mail-Anhänge
- Manuell auswählbare Verzeichnisse und Dateien
- Externe Speicherkarten

---

[45] Technische Universität Berlin (2003), S. 128
[46] Technische Universität Berlin (2003), S. 124 ff.

- Kompletter PDA

Pocket PC 2003 bietet erstmals geeignete Schnittstellen an, um eine Verschlüsselung der PDA-Daten vornehmen zu können. Standardmäßig ist beim Betriebssystem die Verschlüsselung aber nicht umsetzbar, so dass hierfür auf Drittsoftware ausgewichen werden muss.

3.5.2.2 Virenschutz

Da inzwischen nicht nur PCs sondern auch mobile Endgeräte wie PDAs von Viren betroffen sind, muss die Datensicherheit auch aus dieser Perspektive betrachtet werden. Der erste Virus für PDAs wurde im Juli 2004 unter dem Namen *Duts* bekannt. Da er sich aber nur sehr eingeschränkt verbreitete und keine Daten des Pocket PCs ausspionierte, wurde er als harmlos eingestuft. Im August 2004 ist dann aber der erste ernstzunehmende Virus für PDAs entdeckt worden, der einen Fremdzugriff auf das infizierte mobile Endgerät ermöglicht, indem er vorher mehrere Ports des Pocket PCs öffnet. Über diese Hintertür kann dann der Autor des Virus Dateien hoch- oder herunterladen und Programme starten.[47]

Für dieses Sicherheitsrisiko sind auch optional Virenschutz-Module erhältlich, die eine automatische Aktualisierung des Virenprogramms sicherstellen. Erfolgt darüber hinaus ein im Hintergrund laufender Antiviren-Echtzeit-Scan des PDA-Speichers, kann sich dieses jedoch auf die Performance des mobilen Gerätes auswirken.

3.5.3 Fazit zur gerätebezogenen Sicherheit

Abschließend muss betont werden, dass die gerätebezogene Sicherheit nur dann effektiv ist, wenn sowohl die Authentifikation als auch die Verschlüsselung und der Virenschutz gewährleistet sind. Bildlich gesprochen gilt hier das Prinzip des schwächsten Gliedes in der Kette. Ist eines der Schutzmechanismen außer Kraft gesetzt, kann sich dieses auf das sicherheitskritische Gesamtsystem auswirken. Nur die Einhaltung aller Mechanismen kann eine erhöhte Endgerätesicherheit bewirken.

---

[47] vgl. http://www.teltarif.de/arch/2004/kw32/s14515.html

4   Möglichkeiten des Zugangs zu einem Firmenintranet

Der Zugriff von einem PDA auf ein Firmennetzwerk kann grundsätzlich über leitergebundene Übertragungsmedien oder über nicht leitergebundene Systeme erfolgen. Die
drahtlosen Medien werden nachfolgend in Bezug auf ihre Einsatzmöglichkeiten (kurze
oder große Entfernung) unterteilt. Eine detaillierte Betrachtung erfolgt daher zu den
drei Kategorien:

- Kommunikation per Kabel,
- drahtlose Datenübertragung für kurze Entfernungen und
- drahtlose Datenübertragung für große Entfernungen.

Konkret geht es bei der Betrachtung der Übertragungsmedien um die Möglichkeiten,
mit einem PDA eine Verbindung Richtung Firmennetzwerk aufbauen zu können.[48]

4.1   Kommunikation per Kabel

Auch wenn es in der vorliegenden Abhandlung ausschließlich um den Zugang zum
Firmenintranet über mobile Geräte und somit mobile datenübertragende Medien geht,
wird der Vollständigkeit halber die Kommunikation per Kabel nicht ausgeklammert.

Eine weitere Unterteilung der kabelgebundenen Kommunikation erfolgt bezüglich der
Einsatzumgebung in die Abschnitte *Mobiler Einsatz* und *Einsatz am Arbeitsplatz*.

4.1.1   Mobiler Einsatz

Für die unter 4.1.1.1 bis 4.1.1.3 genannten Zugangsmöglichkeiten kann festgestellt
werden, dass diese mit einem PDA nur in seltenen Fällen Gebrauch finden. Gewöhnlich sind diese Kommunikationsmedien nur für ältere PDAs (Analogzugang) oder für
Privatanwender (ISDN / DSL) interessant.

4.1.1.1   Analog

Um auch über herkömmliche analoge Telefonleitungen mit PDAs Verbindungen
aufbauen zu können, sind spezielle Modemkarten einsetzbar.
Prinzipiell kann auch ein analoges Modem mit serieller Schnittstelle angeschlossen
werden. Viele der aktuell erhältlichen Pocket PCs unterstützen jedoch keine seriellen
Verbindungsmöglichkeiten mehr.[49]

4.1.1.2   ISDN

Mit Hilfe eines ISDN Access Points[50] kann ein Zugriff auf das Internet mit dem bisher

---

[48] Die technische Umsetzung der Zugangsmöglichkeit wird unter Kapitel 6 erläutert.
[49] vgl. Gievers, Rainer (2003), S. 92
[50] Basisstation als Zugangs-Punkt, der drahtlose Techniken mit dem kabelgebundenen Netz verbindet.

nicht ISDN-kompatiblen Gerät PDA erfolgen. Voraussetzung dafür ist aber, dass der PDA die Funktechnologie Bluetooth unterstützt. Der Pocket PC ist dann über Bluetooth-Funk mit dem Access Point verbunden.[51] Eine ausschließlich leitergebundene Netzanbindung über ISDN ist somit beim PDA nicht möglich. Zudem sind ISDN Access Points vornehmlich für den häuslichen Privatgebrauch gedacht und nicht für den Einsatz in Unternehmen.

4.1.1.3 DSL

Für den Einsatz eines PDAs in Verbindung mit einem DSL-Netzzugang gelten die gleichen Rahmenbedingungen und Möglichkeiten wie bei der unter Abschnitt 4.1.1.2 genannten ISDN-Anbindung. Ein DSL Access Point wird per Bluetooth mit dem PDA angesteuert und ermöglicht den gewünschten Netzzugang.

4.1.1.4 Datenkabel

Spezielle Datenkabel können PDAs und Handys verbinden, um per GSM-Mobilfunk-Technologie Netzzugänge aufzubauen. Diese Art der Kommunikation greift dabei auf leitergebundene sowie nicht leitergebundene Übertragungsmedien zurück. Im Gegensatz zu den bereits genannten drahtgebundenen Medien zeichnet sich diese Zugangsmöglichkeit durch eine hohe Mobilität aus.

4.1.2 Einsatz am Arbeitsplatz

Die folgenden Zugangsarten sind beschränkt auf den lokalen Einsatz am Arbeitsplatz. Dennoch veranschaulichen sie Möglichkeiten, um kabelgebunden auf das Firmennetz zuzugreifen.

4.1.2.1 Ethernet

Ethernet ist die am weitesten verbreitete Computer-Vernetzungstechnologie für lokale Netzwerke und ermöglicht eine Verbindung physikalischer Medien mit hohen Datendurchsatzraten.

Mit einer entsprechenden Netzwerkkarte für die PDA-Schnittstelle ist ein Highspeed-Zugang mit bis zu 100 MBit/s aufs Firmennetz für den Online-Zugriff realisierbar.

4.1.2.2 Docking-Station

Wie bereits unter dem Abschnitt 3.4.3 erwähnt, bietet die Docking-Station eine Aufbewahrungsmöglichkeit für den PDA, um die Synchronisation mit dem Desktop-PC durchzuführen. Ist der PC mit dem Unternehmensnetz verbunden, kann der Pocket PC - bei entsprechender Konfiguration - auch über diesen auf das Firmenintranet zugreifen.

---

[51] vgl. http://www.avm.de/de/index.php3?Produkte/BlueFRITZ/Blue_FRITZ_AP_ISDN

4.2 Drahtlose Datenübertragung für kurze Entfernungen

Für die Datenkommunikation mit der Außenwelt sind mittlerweile fast alle PDAs mit einer oder mehreren Schnittstelle(n) zur drahtlosen Übertragung innerhalb kurzer Entfernungen ausgestattet. Die im Folgenden drei genannten Übertragungsmedien sind vor allem dann entscheidend, wenn der Pocket PC nicht mit einer GSM-Hardwareerweiterung ausgestattet ist.

4.2.1 Infrarot

Die Infrarot-Schnittstelle gehört bei fast allen PDAs mittlerweile zur Grundausstattung. Die weite Verbreitung und einfache Implementation stellen eine ökonomische Alternative zu anderen Technologien dar. Infrarot ermöglicht die optische Datenübertragung, die für das menschliche Auge nicht sichtbar ist. Die im Jahr 1994 von der IrDA veröffentlichte Spezifikation definiert einen Standard zur kabellosen Datenübertragung, bei der das Licht als Träger für den Datenaustausch über kurze Entfernungen verwendet wird. Im Gegensatz zu Bluetooth und Wireless LAN können bei Infrarot immer nur zwei Geräte miteinander kommunizieren. Der Verbindungsaufbau erfolgt, wenn die Schnittstellen der beiden Geräte so aufeinander ausgerichtet sind, dass eine direkte Sichtverbindung hergestellt ist. Die abgestrahlte Leistung bestimmt dabei die Reichweite, in der Regel liegt diese bei etwa einem Meter.[52]

Die sehr eingeschränkte Reichweite stellt bezüglich der Sicherheit des Übertragungsmediums einen wesentlichen Vorteil bereit, da im IrDA Standard keine Sicherheitsmechanismen gegen das Ausspionieren des Datenverkehrs spezifiziert wurden. Für die Sicherstellung einer Authentisierung und Verschlüsselung müssen auf Applikationsebene entsprechende Mechanismen implementiert werden. Die Übertragung der Daten mit Hilfe von Infrarot ist somit nur in einem gewissen Rahmen durch die eingeschränkte Reichweite beider Geräte geschützt.

Die folgende Abbildung veranschaulicht, wie ein mit Infrarot ausgestatteter PDA Zugang zu Netzen erhalten kann. Dabei nimmt das Handy Modem-Funktionalitäten wahr und baut über eine der in Abschnitt 4.3 genannten Dienste eine Verbindung auf:

Abbildung 7: Netzzugriff über Infrarot

---

[52] vgl. http://www.bsi.de/literat/doc/drahtloskom/drahtloskom.pdf, S. 60f.

Die in der Abbildung 7 dargestellte Kommunikationslösung ist die derzeit am einfachsten umzusetzende Variante, da die meisten PDAs und eine Vielzahl von Handys mit einer Infrarot-Schnittstelle ausgestattet sind.

Größere Distanzen und Hindernisse können aber auf Grund der erforderlichen Sichtverbindung nicht mit Infrarot realisiert werden. Komfortabler und ebenfalls drahtlos verläuft hier die Kommunikation mit der Funktechnologie Bluetooth.

4.2.2 Bluetooth

Die Entwicklung des Standards Bluetooth zur Kurzstrecken-Kommunikation von bis zu 8 Endgeräten wie Notebooks, Handys, Headsets und PDAs geht auf das Jahr 1998 zurück.[53] Bluetooth-Geräte können ohne Sichtkontakt kommunizieren, sind aber in ihrer Reichweite von bis zu 100 Metern begrenzt. Die aktuelle Datenrate beträgt 732,2 Kbit/s und wird durch die überarbeitete Spezifikation im Jahr 2005 um den Faktor 3 erhöht.[54] Neben der Benutzerfreundlichkeit ist der geringe Stromverbrauch ein wesentlicher Vorteil, da erst auf Anforderung eine Verbindung zu anderen Bluetooth-Geräten aufgebaut wird.[55]

„Da Bluetooth ein funkbasiertes Verfahren ist, besteht grundsätzlich die Gefahr, dass 'unberechtigte' Bluetooth-fähige Geräte die Bluetooth-Kommunikation mithören beziehungsweise sich aktiv in die Kommunikationsverbindung einschalten."[56] Um diese zwei Bedrohungen weitestgehend zu minimieren, sind in der Bluetooth-Spezifikation kryptographische Authentisierungs- und Verschlüsselungs-Algorithmen definiert. Die Verschlüsselung ist jedoch grundsätzlich nicht vorgeschrieben und kann optional angewendet werden. Bei den beiden genannten Sicherheitsmechanismen der Bluetooth-Spezifikation sind Schwächen und somit Sicherheitsrisiken bekannt. So kann zum Beispiel die für die Authentisierung erforderliche einmalige Bluetooth-Geräteadresse mit ihrer 48-Bit-Kennung gefälscht werden. Die eindeutige Identifizierung und Adressierung ist in dem Fall dann nicht mehr gegeben.

Beim Einsatzbereich der Bluetooth-Funktechnik muss zwischen einer Punkt-zu-Punkt- und Punkt-zu-Mehrpunkt-Kommunikation unterschieden werden. Bei der Punkt-zu-Punkt-Verbindung stehen zwei oder mehr mobile Endgeräte des persönlichen Nahbereichs (Personal Area Network) in Kontakt. Die Abbildung 8 zeigt eine Kommunikationslösung, bei der ein Netzzugang über die Bluetooth-fähigen Geräte PDA und Handy erfolgt:

---

[53] vgl. Lipinski, Klaus (2002), S. 66f.
[54] vgl. http://www.pctipp.ch/webnews/wn/28811.asp
[55] vgl. http://www.funkschau.de/glossar/bluetooth-neu.htm
[56] http://www.bsi.de/literat/doc/bluetooth/bluetooth.pdf, S. 5

Abbildung 8: Netzzugriff über Bluetooth

Das Handy fungiert hier als Modem und bedient sich der in Abschnitt 4.3 genannten Dienste.

In der Punkt-zu-Mehrpunkt-Kommunikation können kleine Netze (Local Area Networks) realisiert werden. Mit Hilfe eines Bluetooth Access Points lassen sich lokale Bereiche mit Hot-Spots[57] einrichten, in denen drahtloser Zugang zum Internet (Abbildung 9 Lösung 1) oder in LANs (Abbildung 9 Lösung 2) für Bluetooth-fähige Geräte möglich ist:

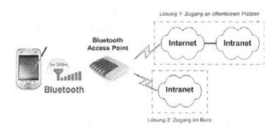

Abbildung 9: Netzzugriffe über Bluetooth Access Points

Die in der Abbildung 9 gezeigte Lösung 1 stellt den Einsatz eines Bluetooth Access Points als Hot-Spot dar, um an öffentlichen Plätzen wie Flughäfen oder Bahnhöfen Internet- und Intranetzugang[58] zu erhalten. Lösung 2 veranschaulicht den direkten Zugang zum Intranet, wenn der Access Point im lokalen Firmennetzwerk (LAN) administriert ist.

4.2.3 Wireless LAN

Wireless LAN stellt ein Funknetzwerk dar, das vielen Benutzern die Möglichkeit geben soll, einen Netzzugang zu einem in der Regel kabelgebundenen Backbone-Netzwerk aufzubauen.[59] Der im Jahr 1997 vom Institute of Electrical and Electronics Engineers (IEEE) definierte Standard IEEE 802.11 ermöglicht bei einer relativ kurzen Reichweite den Aufbau drahtloser lokaler Netze. Darüber hinaus können auch bereits bestehende drahtgebundene Netzwerke erweitert werden. Die entscheidenden Vorteile von Wireless LAN sind die – im Vergleich zu drahtgebundenen Netzwerken – geringeren Kosten im Aufbau drahtloser Netzwerke und die Bandbreite von derzeit bis zu 54Mbit/s im definierten Standard 802.11a.

---

[57] öffentlicher Wireless Access Point
[58] Details, um vom Internet zum Intranet zu gelangen werden in Kapitel 6 betrachtet
[59] http://www.informationsarchiv.net/statisch/wlan/geschichte.html

Eine Reihe von Sicherheitsmechanismen sind im Standard 802.11 definiert und dienen zur Absicherung der Funkstrecke zwischen den Clients und den Wireless-LAN-Access-Points. Das Ziel der vertraulichen Informationsübertragung wird versucht mit folgenden Mechanismen zu erreichen:

- Netzwerkname (SSID)
- MAC-Adresse
- WEP Authentisierung, Verschlüsselung und Integritätsschutz[60]

Mit der SSID wird dem jeweiligen Funknetz ein Name vergeben, den jeder Client benötigt, um sich am Netz anmelden zu können. Da jedoch der Netzwerkname unverschlüsselt als Klartext gesendet wird, können potentielle Angreifer diese sehr einfach in Erfahrung bringen. Dieser Sicherheitsmechanismus ist wie die anderen auch überwindbar und bietet keinen zuverlässigen Schutz für vertrauliche Informationen an.

Ähnlich wie bei Bluetooth gibt es auch bei Wireless LAN zwei verschiedene Architekturen. Im Ad-hoc-Netzwerk findet eine Kommunikation ohne feste Infrastruktur zwischen zwei oder mehreren mobilen Endgeräten statt. Der Infrastruktur-Modus dagegen benötigt als zentrale Komponente mindestens einen Wireless Access Point, auf den die Endgeräte zugreifen. Der Access Point stellt Netzwerkfunktionen wie Filterung sicher und ist direkt mit dem drahtgebundenen Netzwerk verbunden[61]:

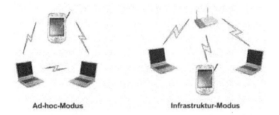

Ad-hoc-Modus   Infrastruktur-Modus

Abbildung 10: Wireless LAN Architekturen

Der im Infrastruktur-Modus eingesetzte Access Point kann - dem Bluetooth-Einsatz ähnlich - in unterschiedlichen Umgebungen implementiert werden. Differenziert wird auch hier zwischen dem Einsatz im lokalen Firmennetzwerk und an öffentlichen Plätzen[62] (Access Point als Hot-Spot):

---

[60] Die Sicherheitslösungen werden detailliert in Kapitel 7 erläutert
[61] vgl. Lipinski, Klaus (2002), S. 533
[62] Details, um vom Internet zum Intranet zu gelangen werden in Kapitel 6 betrachtet

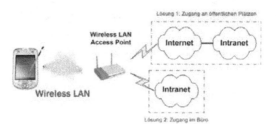

Abbildung 11: Netzzugriffe über Wireless LAN Access Points

4.3   Drahtlose Datenübertragung für große Entfernungen

Bei der Datenübertragung über größere Distanzen hinweg muss bei den Pocket PCs zwischen den folgenden Kategorien unterschieden werden:

- PDAs ohne GSM-Mobilfunktechnik
- PDAs mit GSM-Mobilfunktechnik (integriert oder als Erweiterung)

Wie Pocket PCs ohne GSM-Mobilfunktechnik für die Datenübertragung über größere Entfernungen erweitert werden können, wurde bereits in den vorherigen Abschnitten erläutert. Hier noch einmal kurz die zur Verfügung stehenden drei Möglichkeiten:

- PDA-Handy-Kopplung per *Datenkabel* (Abschnitt 4.1.1.4)
- PDA-Handy-Verbindung über *Infrarot* (Abschnitt 4.2.1)
- PDA-Handy-Verbindung über *Bluetooth* (Abschnitt 4.2.2)

Pocket PCs mit integrierter GSM-Technik stellen eine Kombination aus PDA und Handy dar. Bekanntester Vertreter ist der erstmals 2002 verkaufte MDA von T-Mobile.[63]

4.3.1   GSM

Die Struktur der GSM-Mobilfunktechnik ist weltweit festgelegt und bisher in über 200 Ländern eingesetzt. Innerhalb des Standards wird sichergestellt, dass die Netztechnik und Mobiltelefone zu-   sammenpassen und kommunizieren können. Die   digitale Datenübertragung ist
im Gegensatz zur ana-   logen Technik weniger stör-
anfällig und weist eine   bessere Sprachqualität auf.
In Deutschland begann   der Einsatz des digitalen

Abbildung 12: Weltweite Verbreitung des GSM-Standards[64]

GSM-Mobilfunks Mitte 1992 und startete mit den bekannten D-Netzen. Die Sprachko-
dierung beträgt bei GSM etwa 1/5 der für ISDN üblichen Bandbreite von 64 KBit/s.

---

[63] Einzelheiten zum MDA sind in Kapitel 5 erläutert
[64] http://www.gsmworld.com/index.shtml

Dass die Sprache trotz dessen gut verständlich ist, liegt an speziellen Fehlerkorrektur- und Codierungsverfahren.[65]

Weltweit finden verschiedene Varianten von GSM Einsatz, die sich durch die folgenden Frequenzen unterscheiden:

- 900 MHz (Afrika, Amerika, Asien, Australien, Europa: Deutschland D-Netze)
- 1800 MHz (Afrika, Amerika, Asien, Australien, Europa: Deutschland E-Netz)
- 1900 MHz (Amerika)
- 850 MHz (Amerika)

Neuere Handys sind in allen vier Frequenzbändern einsetzbar und werden daher auch als Quadband-Handys bezeichnet. Triband-Handys dagegen sind nicht geeignet für die Frequenz 850 MHz, die zunehmend in den USA verwendet wird, um dort das bestehende 1900 MHz-Netz zu erweitern.[66]

Die Grunddienste mit ihren wesentlichen Bestandteilen von GSM lassen sich in die folgenden drei Bereiche gliedern[67]:

- Telematikdienste (Telefonie, Kurzmitteilungsdienst, Telefax)
- Trägerdienste (E-Mail, Filetransfer, Einbindung in Online-Dienste)
- Zusatzdienste (Rufumleitung, automatischer Rückruf, Konferenzverbindung)

Was die Sicherheit der GSM-Kommunikation anbetrifft, sind einige gravierende Schwächen bekannt: Um im GSM-Netz zwischen dem Nutzer und dem mobilen Gerät unterscheiden zu können, sind die beiden Komponenten Handy und SIM-Karte erforderlich. Auf der SIM-Karte werden persönliche Daten wie Kundennummer und Rufnummer gespeichert. Die Authentisierung erfolgt mit einem Schlüssel, der nur dem Netzbetreiber und dem sich anmeldenden Teilnehmer auf der SIM-Karte bekannt ist. Schwächen des Schlüsselverfahrens ermöglichen das Auslesen des Authentisierungsschlüssels auf der Karte und können dazu führen, dass die SIM-Karte von Fremden kopiert wird.[68]

Der GSM-Standard bietet eine maximale Datenübertragungsrate von 9,6 KBit/s oder im optimierten Verfahren 14,4 KBit/s mit verringerter Fehlerkorrektur. Für die Sprachübertragung angemessen, sind diese geringen Bandbreiten zum Datenversand moderner Anwendungen jedoch nicht ausreichend. Das Ergebnis sind mitunter sehr langsame und instabile Datenübertragungsvorgänge. So war es notwendig, den GSM-Standard zu erweitern, um größere Bandbreiten zu erzielen. In der Fortentwicklung von GSM entstand HSCSD und der paketorientierte Datendienst GPRS.

---

[65] vgl. http://www.izmf.de/html/de/37054.html
[66] vgl. http://www.handys-mobile.de/lexikon/netz.html
[67] vgl. Lipinski, Klaus (2002), S. 233
[68] vgl. http://www.bsi.bund.de/literat/doc/gsm/gsm.pdf, S. 6

4.3.2 HSCSD

Der Standard HSCSD steigert die Übertragungskapazität in GSM-Netzen durch Kanal-bündelung. Dabei werden bis zu vier Kanäle mit je 14,4 KBit/s belegt und die Daten-übertragungsrate auf 57,6 KBit/s erweitert. Ähnlich wie bei ISDN im Festnetz werden zwei oder mehr GSM-Kanäle zu einer einzigen Verbindung gebündelt. Die Daten fließen dann parallel über alle belegten Kanäle. HSCSD überträgt somit im Gegensatz zu GPRS die Daten leitungsorientiert, was sich für entsprechende Dienste als Vorteil erweist, da die Kanäle nicht mit anderen geteilt werden müssen. Demgegenüber findet bei der leitungsorientierten Übertragung eine Abrechnung nach Verbindungszeit statt.

Vorraussetzung ist ein HSCSD-fähiges Handy und ein Netzbetreiber, der diesen Stan-dard unterstützt. Derzeit bieten nur die Netzprovider E-Plus und Vodafone den er-weiterten GSM-Standard an. Andere Anbieter dagegen setzen allein auf GPRS.

4.3.3 GPRS

Bei der GPRS-Technologie handelt es sich um eine Datenübertragung mit Paketver-mittlung über GSM. Dadurch, dass nicht leitungsorientiert sondern paketorientiert über-tragen wird, können die Frequenzen der Mobilfunknetze effizienter ausgelastet werden. Ein weiterer Vorteil ist die Tarifierung nach übermitteltem Datenvolumen. Eine Abrech-nung, die nicht nach Online-Zeit erfolgt, lässt die Always-On-Funktionalität erstmals zur Wirklichkeit werden. E-Mails werden somit sofort heruntergeladen, ohne dass der Teil-nehmer sich erneut einwählen muss. GPRS ist daher besonders für die Informations-übertragung mit geringem Datenvolumen und für die Anforderung einer zeitnahen Übertragung geeignet.

GPRS verwendet das Internetprotokoll und funktioniert daher grundsätzlich wie der Datenversand im Internet. Während der Always-On-Verbindung behält das Handy die Internetverbindung über die IP-Adresse laufend bei. Kommt es zu einer längeren Über-tragungspause, wird über die Rufnummer automatisch eine neue Verbindung aufge-baut. Dafür erhält das Handy zur Übertragung temporär wieder eine IP-Adresse.[69]

Bei einem höchsten Datendurchsatz von 21,4 KBit/s pro GSM-Kanal beträgt die maxi-male Datenübertragungsrate 171,2 KBit/s. Dies ist aber nur eine theoretische Größe – in der Praxis beschränken sich die Netzbetreiber auf etwa 50 KBit/s. Der Datendurch-satz kann zudem während einer Verbindung stark schwanken, da jedem Teilnehmer dynamisch ein bestimmter Anteil der vorhandenen Kapazität zugeteilt wird.

---

[69] vgl. http://www.izmf.de/html/de/37059.html#subhd2

4.3.4 UMTS

Der europäische Mobilfunk-Standard UMTS wurde entwickelt, um eine weit höhere Datenübertragungsrate zur Verfügung stellen zu können. Die in Abschnitt 4.3.2 und 4.3.3 genannten Funktechnologien haben zwar die sehr geringe Datenrate von GSM erhöht, stellen aber als Erweiterung auch nur eine kurzfristige Überbrückung dar. Erforderlich geworden ist also ein neuer Mobilfunk-Standard der auf einer neuen Infrastruktur basiert. UMTS erfüllt im Wesentlichen die folgenden drei Ziele:

- Höhere Datenübertragungsrate
- Effizientere Frequenz-Ausnutzung und
- höhere Qualitätskriterien (Quality of Service)

Der Quality of Service Level bestimmt Merkmale, die für einzelne Anwendungen entscheidend für die Datenübertragung sind. Die Merkmale werden in Güteklassen zusammengefasst und unterscheiden sich in der Bitfehlerrate und Reaktionszeit. Bei der Anwendung E-Mail kommt es beispielsweise nicht so sehr auf die Reaktionszeit an, sondern vielmehr auf eine geringe Bitfehlerrate. Demgegenüber ist bei der Telefonie die Reaktionszeit entscheidend und die Empfindlichkeit bei kleinen Fehlern gering.

„Die Datenübertragungsraten sind bei UMTS wesentlich höher als bei GSM Netzen und reichen von 144 KBit/s für den hochmobilen Nutzer (maximale Geschwindigkeit 500 km/h) bis zu 2 MBit/s im quasistationären Betrieb."[70] Die deutschen Mobilfunkbetreiber bieten derzeit Übertragungsraten bis zu 384 KBit/s an. Der Geschwindigkeitsvorteil beim Download einer 200 KB großen Webseite wird anhand folgender Graphik deutlich:

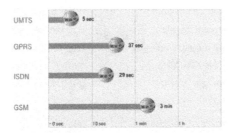

Abbildung 13: Download-Geschwindigkeiten im Vergleich[71]

UMTS bietet aufgrund der Flächenabdeckung eine hohe Mobilität und lässt den Pocket PC über die schnelle Mobilfunkverbindung zu einer universell einsetzbaren und vor allen Dingen mobilen Kommunikationsplattform werden.[72]

---

[70] http://www.bsi.bund.de/literat/doc/gsm/gsm.pdf, S. 7
[71] http://www.t-mobile.de/umts_neu/1,7164,10179-_,00.html
[72] vgl. http://www.izmf.de/html/de/274.html

5 Zugangsmöglichkeiten auf Basis MDA III

Nach der ausführlichen Betrachtung des PDAs im Kapitel 3 und der Darstellung der Zugangswege zu Firmennetzen im anschließenden Absatz soll innerhalb des vorliegenden Kapitels der MDA III beschrieben werden.

5.1 Einstieg

Der *Mobile Digital Assistant* wird unter der Kurzbezeichnung *MDA* von dem Mobilfunkprovider T-Mobile als Markenname verwendet. Der MDA kombiniert PDA- und Mobilfunk-Funktionalitäten und zählt somit zur Kategorie der Smartphones. Diese Art mobiler Geräte soll einer Studie zufolge schon im Jahr 2005 zum Standardutensil im Business-Bereich werden. Bereits 2006 dürften damit deutlich mehr Smartphones verkauft werden als PDAs. Dies lässt sich im Wesentlichen auf die jederzeit verfügbaren Datendienste auch mit dem PDA zurückführen.[73]

Der MDA I wurde im Herbst 2002 von T-Mobile erstmalig angeboten. Ein Jahr später folgte dann die zweite Variante mit integrierter Bluetooth-Schnittstelle und Digitalkamera. Zusätzliche Funktionen bietet der MDA III, der ab September 2004 auch von anderen Providern wie E-Plus (PDA III) und O2 (XDA III) vermarktet wird.

5.2 Hardware

Die wichtigste Hardware-Erweiterung liegt beim MDA III in der integrierten Tastatur. Wird die Oberseite des Pocket

PCs nach oben geschoben, erscheint darunter eine kleine Foli- entastatur, die sich bequem mit den Fingern bedienen lässt. Das da- rüber befindliche Display mit weiterhin 240 x 320 Pixeln bietet zusätz- lich die Möglichkeit, beispielsweise Tabellen oder Bilder auch im Querformat anzuschauen. Dem Intel-Prozessor mit 400 MHz stehen 128 MB Arbeitsspeicher und 64 MB ROM-Speicher zur Verfü- gung. Ein Einschub für SecureDigi-

Abbildung 14: MDA III[74]

tal-Karten ermöglicht die Erweiterung des Arbeitsspeichers oder anderer Funktionalitäten. Besonders für Unternehmen, die Mitarbeiter im Außendienst beschäftigen, ist dabei die Erweiterung des MDA III zu Navigationszwecken interessant. Eine bequeme und schnelle Lösung wäre die als Add-On erhältliche GPS-Maus, die per Bluetooth Navigationsdaten kabellos mit dem MDA III austauscht.

---

[73] vgl. http://www.pocketpc-salzburg.at/modules.php?name=News&file=article&sid=512
[74] http://www.t-mobile.at/business/mobiles_arbeiten/MDA/

5.3 Betriebssystem

Der MDA III ist mit dem Betriebssystem Pocket PC 2003 SE Phone Edition ausgestattet. Dieses System ist speziell für PDAs mit GSM-Mobilfunk gedacht und besteht
aus dem überarbeiteten (SE) Pocket PC 2003-Betriebssystem und einer ergänzten
Telefonie-Applikation. Die Applikation macht im Wesentlichen eine Spracherkennung,
die Telefonnummernsauswahl- und direkte Anwahl aus den Kontakten und den Versand von SMS möglich.[75] Die Phone Edition soll zusammen mit dem Pocket PC 2003-
Betriebssystem den drahtlosen Zugriff über Telefonie und Text auf netzinterne Daten
ermöglichen.

5.4 Schnittstellen

Der MDA III unterstützt alle unter Teil 3.4 genannten Schnittstellen, außer der seriellen
Anschlussmöglichkeit. Die Integration von Wireless LAN ist – was die Schnittstellen
anbelangt – die wichtigste Neuerung. Um diese Form der drahtlosen Kommunikation
nutzen zu können, war beim Vorgängermodell noch eine externe Karte für den Secure-
Digital-Einschub notwendig. Das Wireless LAN-Modul des MDA III lässt sich abschal-
ten und sorgt damit für eine verlängerte Akkubetriebsdauer.

Die integrierte Mobilfunk-Schnittstelle ermöglicht die Sprach- und Datenübertragung
über GSM und GPRS. Das im MDA III integrierte Quadband-Handy unterstützt die vier
wichtigsten GSM-Frequenzen und gewährleistet damit die weltweite GSM-Netzan-
bindung.

Durch die Vielzahl von Schnittstellen ist ein flexibler Einsatz gewährleistet. Mit den darüber hinaus integrierten Handy-Funktionen kann über fast alle in Kapitel 4 genannten
Netzzugangsmöglichkeiten eine Datenkommunikation erfolgen. Einzige Ausnahmen
bilden der Standard HSCSD und derzeit noch UMTS. Der MDA III (oder auch bau-
gleich XDA III und PDA III) ist derzeit mit seiner Funktionsvielfalt als PDA und gleichzeitig Handy die optimale Zugangsvariante einer datenzentrierten Mobilkommunikation.

---

[75] vgl. Gievers, Rainer (2003), S. 17

6   Virtuelle Private Netzwerke

Das vorliegende Kapitel beschreibt den Nutzen, die Anforderungen und die Technik von VPNs. Dabei ist die Verwendung öffentlicher Netze, wie beispielsweise das Internet, das zentrale Thema, um mittels PDA auf geschützte Unternehmensnetze zu gelangen.

6.1   Einführung

In einem privaten LAN können Daten relativ zuverlässig und sicher transportiert werden. Sobald aber Informationen über öffentliche Netze zu anderen Clients oder LANs transportiert werden, bedarf es für die Zuverlässigkeit und Sicherheit zusätzlicher Mechanismen. Der Grund liegt darin, dass die Daten auf ihrem Weg durch öffentliche Netze eine Vielzahl von Stationen, die für die Vermittlung der Daten zuständig sind, durchlaufen. Die Stationen selber werden von den verschiedensten Betreibern unterhalten, da das Internet bekanntlich nicht einer Institution gehört, sondern sich aus vielen Teilnetzen zusammensetzt, die untereinander verbunden sind. Kritisch sind dabei Anwendungen, die sensible Daten völlig ungeschützt an die Transportschicht für den Versand weitergeben. Als Beispiel sei hier das Anwendungsprotokoll *POP3* genannt, dass zum Abrufen von E-Mails verwendet wird. Kommt es zum Abhören des Datenverkehrs können Empfängerdaten vorgetäuscht und damit Anfragen auf fremde Rechner umgeleitet werden (Spoofing). Dieses Sicherheitsrisiko macht es notwendig, einen anderen Weg bei der Anbindung von Clients an das private LAN über das öffentliche Netz zu beschreiten. Wenn schon der Anwender mit seinem mobilen Gerät nicht in den räumlichen Bereich des lokalen, sicheren Netzes einbezogen werden kann, muss darüber nachgedacht werden, ob nicht das relativ zuverlässige LAN auf den Client ausgeweitet wird. Die Erweiterung setzt dabei aber das lokale Netz einem Gefahrenbereich aus und muss dafür mit entsprechender Technologie realisiert werden. Diese gesicherte Ausweitung des LANs auf einen externen Client, unter Verwendung öffentlicher Netze, wird als *Virtuelles Privates Netzwerk* bezeichnet. Der im LAN verwendete private IP-Adressraum wird dabei über einen so genannten Tunnel im öffentlichen Adressbereich auf den externen Client ausgedehnt. Die Ausweitung erfolgt hierbei ohne ein Zusammentreffen der beiden Adressräume und möglichen Konflikten. Über den Tunnel hinaus, werden VPNs grundsätzlich durch zwei weitere Eigenschaften ergänzt. Dies ist die Verschlüsselung der Daten und eine erforderliche Authentifizierung.[76] Alle drei Eigenschaften der VPN-Technologie werden in nachfolgenden Teilen detailliert erläutert.

---

[76] vgl. Frank, Martin / Hoffmann, Mark (2002), S. 22f.

Das vereinfachte Prinzip der VPN-Technologie wird in nachfolgender Darstellung verdeutlicht:

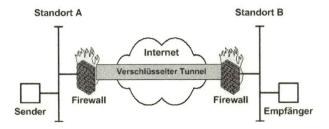

Abbildung 15: Prinzip der VPN-Technologie[77]

Die Datenübermittlung mittels VPN stellt im Gegensatz zu einer dedizierten Verbindung
die wesentlich kostengünstigere Lösung dar. Darüber hinaus ist der entscheidende
Vorteil der VPN-Technologie, dass eine einfache Erweiterung des Netzwerkes auf Re-
motestandorte umsetzbar ist. Doch nicht nur entlegene Außenstellen und Nieder-
lassungen sind mittels dieser Technik flexibel an das private Firmennetzwerk anzubin-
den, sondern auch mobile Mitarbeiter, die mit Geräten wie beispielsweise Notebook
oder PDAs ausgestattet sind und auf öffentliche Netze zugreifen können.

Die folgende Darstellung zeigt eine Prognose zur Marktentwicklung der VPN-Technologie. Der rasante Anstieg lässt sich dabei auf das Wachstum des Internets und dem
steigenden Bedarf von Unternehmen an nationaler und globaler Kommunikation zurückführen:

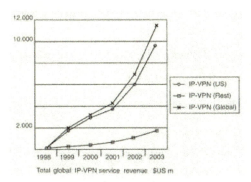

Abbildung 16: Prognose zur weltweiten Marktentwicklung von IP-VPN[78]

---

[77] vgl. Lienemann, Gerhard / Dördelmann, Frauke (2003), S. 74
[78] Lipp, Manfred (2001), S. 27

Aus der Sicht des Clients ist das VPN eine Punkt-zu-Punkt-Verbindung, die zwischen dem Gerät des Anwenders und einem Unternehmensserver besteht. Das sich dazwischen befindliche öffentliche Netz, mit der Vielzahl von Stationen wie beispielsweise Router, ist für den Anwender dabei nicht relevant. Aus seiner Perspektive werden über eine Standleitung Datenpakete[79], mittels der Kombination des öffentlichen und privaten Netzes, übertragen.

6.2 Sicherheitsanforderungen

Das wichtigste Kriterium bei der Auswahl der unterschiedlichen VPN-Technologien stellt die Sicherheit dar. Dabei lässt sich der Bereich der Datensicherheit bei einer Vielzahl von Anforderungen im Wesentlichen in die folgenden Kategorien unterteilen:

- Vertraulichkeit
- Integrität
- Authentifizierung

6.2.1 Datenvertraulichkeit

Das Ziel der vertraulichen Übermittlung von Daten ist dann erreicht, wenn die Informationen auf dem Weg über das Internet nicht von Unbefugten gelesen werden können. Darüber hinaus bezieht sich die Anforderung auch auf das private Netzwerk, wo ebenfalls sichergestellt werden muss, dass Daten nicht ausgespäht werden. Grundsätzlich wird dieses durch den Vorgang der Verschlüsselung von Datenpaketen realisiert. Soll ferner auch der gesamte Übertragungsweg über das öffentliche Netz abhörsicher werden[80], müssen die Daten durch einen speziell gesicherten Raum innerhalb des Internets (Tunnel) transportiert werden.

Zum Verschlüsseln von Informationen gibt es die zwei grundlegenden Techniken:

- Symmetrische Verschlüsselung
- Asymmetrische Verschlüsselung

6.2.1.1 Symmetrische Verschlüsselung

Bei einer symmetrischen Verschlüsselung werden Daten mit Hilfe eines geheimen Schlüssels ent- oder verschlüsselt. Dabei muss sowohl dem Sender als auch dem Empfänger der Schlüssel bekannt sein. Hierzu findet vorweg ein persönlicher Austausch des Schlüssels statt. Die folgende Darstellung veranschaulicht das Verfahren[81]:

---

[79] Microsoft (1999), S. 1
[80] Lipp, Manfred (2001), S. 53 f.
[81] vgl. http://ddi.cs.uni-potsdam.de/Lehre/e-commerce/elBez2-5/page05.html

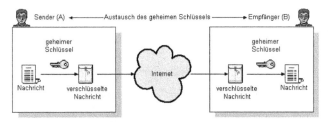

Abbildung 17: Vorgehensweise bei einer symmetrischen Verschlüsselung[82]

Die symmetrische Verschlüsselung wird auf Grund der Anwendung eines geheimen Schlüssels auch das *Private-Key*-Verfahren genannt. Die wichtigsten Verfahren sind:

- **RC4** (Dieser 1987 entwickelte Algorithmus verwendet eine variable Schlüssellänge, die bis zu 2048 Bit betragen kann. Seine Geschwindigkeit ist bis zu zehnmal schneller als bei DES, allerdings gilt dieser Algorithmus als gebrochen und sollte nicht mehr verwendet werden.[83])

- **DES** (Der in den siebziger Jahren entwickelte Algorithmus verwendet eine feste Schlüssellänge von nur 56 Bits und gilt daher als relativ unsicher. Spätere Verfahren bauen auf diesem Standard auf.)

- **3DES** (Beim Triple-DES-Algorithmus kommt der 56-Bit-DES-Schlüssel dreimal zum Einsatz. Dieses Verfahren ist relativ langsam, wird aber als hinreichend sicher angesehen.)

- **AES** (Als Nachfolger von *DES* und *3DES* wurde im Jahr 2000 der Standard AES festgelegt. Seine Schlüssellänge beträgt 128, 192 oder 256 Bit und ermöglicht eine schnelle und sichere Ver- oder Entschlüsselung.)

6.2.1.2 Asymmetrische Verschlüsselung

Bei der asymmetrischen Verschlüsselung, auch Public-Key-Verfahren genannt, ist jeder beteiligte Kommunikationspartner im Besitz eines Schlüsselpaares. Dabei werden die zu sichernden Daten vom Sender mit dem öffentlichen Schlüssel des Empfängers verschlüsselt. Der Empfänger entschlüsselt diese daraufhin mit seinem geheimen Schlüssel, der beim Public-Key-Verfahren nicht, im Gegensatz zur symmetrischen Verschlüsselung, vorher ausgetauscht werden muss. Die Ermittlung des privaten Schlüssels ist nicht oder nur unter einem sehr hohen zeitlichen Aufwand durchführbar. Die sichere Schlüssellänge beginnt ab 1024 Bit, führt aber dazu, dass das jeweilige Public-Key-Verfahren sehr langsam ist. Das Verfahren der Ver- und Entschlüsselung wird noch einmal anhand folgender Abbildung verdeutlicht:

---

[82] http://ddi.cs.uni-potsdam.de/Lehre/e-commerce/elBez2-5/page05.html
[83] http://de.wikipedia.org/wiki/RC4

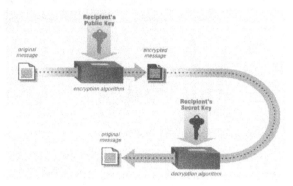

Abbildung 18: Prinzip der asymmetrischen Verschlüsselung[84]

Einer der bekanntesten Public-Key-Verfahren ist RSA, das nach seinen Erfindern Rivest, Shamir und Adelman benannt wurde. Dieser 1977 entwickelte Algorithmus beruht auf der Primfaktorzerlegung sehr großer Zahlen und Schlüssellängen von mindestens 1024 Bit. Im Vergleich zum symmetrischen DES-Algorithmus ist RSA um den Faktor 1000 langsamer und wird beispielsweise auch zum Austausch von geheimen Schlüsseln verwendet.

6.2.2 Integrität

Bei der Anforderung der Datenintegrität geht es um die Sicherstellung, dass die Informationen nicht verändert oder manipuliert werden. Dem Empfänger eines Datenpakets muss dabei ersichtlich sein, ob unautorisierte Modifikationen der Informationen vorgenommen wurden oder nicht.

Um die Integrität der Daten zu überprüfen, ist eine digitale Signatur erforderlich. Dabei handelt es sich um eine Art *Siegel*, das mit den beliebigen Daten verschickt wird. Zur Erzeugung einer digitalen Signatur ist ein vom Eigentümer geheim zu haltender Schlüssel notwendig. Der Empfänger dagegen überprüft die digitale Signatur mittels des öffentlichen Schlüssels des Eigentümers. Um darüber hinaus die Echtheit des öffentlichen Schlüssels zu überprüfen, wurde das Konzept der Zertifikate entwickelt.[85]

6.2.2.1 Zertifikate

Um die Integrität eines öffentlichen Schlüssels sicherzustellen, wird dieser mit Hilfe eines Zertifikats veröffentlicht. „Ein Zertifikat (...) ist eine Datenstruktur, die von einer Zertifizierungsstelle (Certificate Authority) digital signiert wurde. Die Zertifizierungsstelle ist eine Institution, der die Benutzer des Zertifikats vertrauen können. Das Zertifikat enthält eine Reihe von Werten, wie zum Beispiel Name und Verwendung des Zertifikats,

---

[84] http://www.ita.hsr.ch/studienarbeiten/arbeiten/WS98/SecurityTutorial/verschluesselung.html
[85] http://www.lwdrm.com/ger/cert.html

identifizierende Informationen über den Besitzer des öffentlichen Schlüssels, den öffentlichen Schlüssel selbst, ein Ablaufdatum und den Namen der Zertifizierungsstelle. Die Zertifizierungsstelle signiert das Zertifikat mit ihrem privaten Schlüssel. Wenn der Empfänger den öffentlichen Schlüssel der Zertifizierungsstelle kennt, kann er überprüfen, ob das Zertifikat tatsächlich von der vertrauten Zertifizierungsstelle stammt und daher zuverlässige Informationen und einen gültigen öffentlichen Schlüssel enthält."[86] Die Zertifikate können entweder von externen Zertifizierungszierungsstellen, wie beispielsweise *Signtrust* der Deutschen Post oder *Telesec* der Deutschen Telekom, ausgestellt werden oder von einem eigenen Zertifizierungs-Center erstellt und verwaltet werden. Diese Infrastruktur zur Distribution und Verwaltung von Schlüsseln wird als *Public Key Infrastructure* (PKI) bezeichnet.

6.2.2.2 Public-Key-Infrastruktur

Die PKI bildet ein asymmetrisches Sicherheitssystem zur Ausstellung, Verteilung und Prüfung von digitalen Zertifikaten und steht für die Gesamtheit der Komponenten, die hierzu benötigt werden. „Technologien wie E-Business oder E-Commerce (...) haben zusammen mit einem gestiegenen Sicherheitsbedürfnis bei der Benutzung öffentlicher Netze eine Reihe von Applikationen hervorgebracht, die mit elektronischen, digitalen Schlüsseln Daten verschlüsseln (...). Bei großen Organisationen fallen dabei eine ganze Reihe verschiedener Schlüssel an, die erzeugt, verwaltet, regelmäßig erneuert und vor allem eindeutig bestimmten Personen zugeordnet werden müssen. (...) Die Bindung einer Person an einen öffentlichen Schlüssel erfolgt über ein so genanntes digitales Zertifikat. (...) Das Erzeugen und Speichern von Schlüsselpaaren zum Zweck der Datenverschlüsselung (...) ist die Hauptfunktion einer PKI."[87] Ein Standard für diese Infrastruktur ist *X.509*. Dieser bildet zudem den wichtigsten Standard für digitale Zertifikate und liegt aktuell als Version X.509v3 vor.

Wie bereits erwähnt, ermöglichen die digitalen Zertifikate eine Überprüfung der digitalen Signatur. Diese wiederum stellt die Überprüfung der Integrität sicher und darüber hinaus auch die Herkunft der Daten, also ihre Authentizität.

6.2.3 Benutzer-Authentifizierung

Ein Client, der über ein VPN Zugriff auf das Intranet beansprucht, muss dabei möglichst zuverlässig seine Identität nachweisen. Dieser Mechanismus setzt auf der unter 3.5.1 erläuterten *gerätebezogenen Authentifikation* auf und stellt sicher, dass nur autorisierte Benutzer Zugriff auf das Intranet erhalten.

---

[86] Microsoft (1999), S. 21
[87] Lipp, Manfred (2001), S. 81 f.

Da die Anforderungen an die Zuverlässigkeit von Projekt zu Projekt verschieden sind, können die folgenden, technisch unterschiedlich starken Authentifizierungsverfahren implementiert werden. Welches Protokoll oder welcher Service letzten Endes Anwendung findet, hängt grundsätzlich aber davon ab, welcher Tunnelmodus (Teil 6.4) ausgewählt wird.

6.2.3.1 Password Authentication-Protocol

Die Authentizität von Remote-Benutzern kann anhand vom *PAP* überprüft werden. Bei diesem Protokoll werden der Benutzername und das Passwort im Klartext übermittelt. Da ein Dritter ohne weiteres den Benutzername und das Kennwort abfangen und verwenden kann, ist dieses Authentifizierungsverfahren nicht sicher. Sobald das Kennwort des Benutzers bekannt ist, bietet PAP keinen Schutz vor der Imitation des Remote-Clients.[88]

Abbildung 19: Authentifizierung mit PAP

6.2.3.2 Challenge-Handshake Authentication-Protocol

Bei *CHAP* wird das Kennwort nicht im Klartext sondern verschlüsselt übermittelt. „Diese Funktionen werden auf eine Kombination einer Zufallsfolge (Challenge) und des Passworts angewendet. Die Serverantwort wird vom Rechner des Benutzers nach Generierung dieser Kombination an den Authentifizierungsserver zurückgesendet (Response), der nach Anwendung der gleichen mathematischen Operation die Ergebnisse vergleicht."[89] Der Ablauf der Authentifizierung wird auch Drei-Phasen-Handshake genannt, da die drei Schritte *Challenge*, *Response* und *Accept* oder *Rejekt* nacheinander ablaufen. CHAP ist aufgrund der Verschlüsselung des Kennworts sicherer als PAP.

6.2.3.3 Remote Authentication Dial-In User Service

RADIUS bietet die Möglichkeit, bei Verwendung der PAP- oder CHAP-Authentifizierung eine Verwaltung und Speicherung der Benutzerdaten an zentraler Stelle vorzunehmen. Das RADIUS-Protokoll stellt prinzipiell ein Client/Server-System dar. Bei dem unter Abbildung 20 dargestellten Beispiel fungiert der Remote Access Router „als RADIUS-Client, der die Authentifizierungsdaten (in der Regel Name und Passwort) von Be-

---

[88] Microsoft (1999), S. 10
[89] Hein, Mathias / Reisner, Michael (2002), S. 153

nutzern entgegen nimmt und mit dem RADIUS-Protokoll an den RADIUS-Server zur Überprüfung weiterleitet."[90] Die beschriebene zentrale Stelle zur Verwaltung und Speicherung von Benutzerdaten ist in diesem Fall die RADIUS-Datenbank:

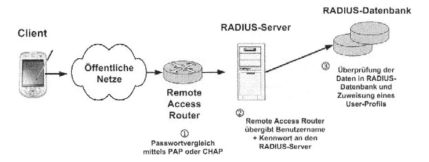

Abbildung 20: Authentifizierung mit RADIUS

6.2.3.4 SecureID/Token

Zusätzliche Verfahren sind in das RADIUS-System integrierbar. Dazu zählt die Authentifizierung mittels Token oder SecureID. Hierbei werden Zugangspasswörter generiert und über komplizierte Verschlüsselungsmechanismen Zugangscodes berechnet. Darüber hinaus kann zusätzlich der Zugangscode in regelmäßigen Zeiträumen mit dem RADIUS-Server zeitlich synchron verändert werden, um eine wiederholte Nutzung auszuschließen.[91] Möglich wird dieser Mechanismus durch eine synchrone Uhr, die sowohl der Server als auch der Token besitzt.

Abbildung 21: Beispiel einer SecureID-Karte[92]

Die SecureID/Token-Authentifizierung kann auch als Zwei-Faktor-Authentifikation bezeichnet werden, da der Benutzer sich durch die Kenntnis einer PIN sowie durch den Besitz des Tokens ausweisen muss.[93] Für eine starke Authentifikation ist die genannte Variante als Erweiterung des RADIUS-Systems benutzerfreundlich und vor allen Dingen sicher.

---

[90] Eckert, Claudia (2004), S. 494
[91] vgl. Frank, Martin / Hoffmann, Mark (2002), S. 33
[92] http://www.rent-a-vpn.de/index.asp?showdoc=25
[93] vgl. Eckert, Claudia (2004), S. 450

6.3 VPN-Formen

Je nach Einsatzgebiet stehen verschiedene VPN-Formen zur Verfügung, die jeweils auch miteinander kombiniert werden können. Die Abbildung 22 zeigt die möglichen Anwendungsbereiche und den prozentualen Anteil bei Verwendung der VPN-Technologie:

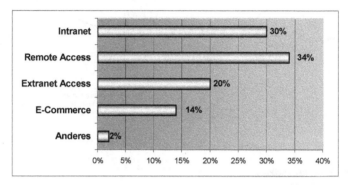

Abbildung 22: Anwendungsbereiche der VPN-Technologie[94]

Die VPN-Technologie wird - wie Abbildung 22 zeigt - hauptsächlich in den drei Anwendungsbereichen Intranet, Remote Access und Extranet eingesetzt. Diese wesentlichen Einsatzgebiete werden noch einmal durch die folgende Abbildung veranschaulicht und anschließend in den Abschnitten 6.3.1 bis 6.3.3 betrachtet:

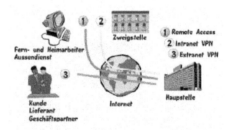

Abbildung 23: Wichtige VPN-Einsatzgebiete[95]

6.3.1 Intranet-VPN

Bei einem Intranet-VPN geht es grundsätzlich um die Erweiterung des internen LANs. Mittels dieser VPN-Form werden beispielsweise der Hauptsitz eines Unternehmens und weitere Zweigstellen verbunden. Das Intranet der Hauptstelle wird somit zu jeder einzelnen Zweigstelle über das öffentliche Netz per Tunnel erweitert. Ausgegangen

---

[94] vgl. Lipp, Manfred (2001), S. 31
[95] http://www.tdt.de/switched/0201/web.html

wird davon, dass alle angeschlossenen Parteien sich untereinander vertrauen und damit auch alle Ressourcen im Netz für jeden Beteiligten zugänglich sind. Bei Bedarf kann die Datensicherheit durch Zugriffsbeschränkungen auf Benutzerebene (Autorisierung) erhöht werden.[96]

6.3.2 Extranet-VPN

Um auch Kunden und Lieferanten in den Produktionsprozess integrieren zu können, wird über das Extranet-VPN eine Verbindung aufgebaut. Hierin liegt der fundamentale Unterschied zu den anderen VPN-Formen, bei denen nur Angehörige der eigenen Firma Zugriff auf das private Netzwerk haben und das auch nur eigene Standorte miteinander verbindet. Ein Extranet-VPN dagegen öffnet das private Netzwerk auch externen Personen oder Unternehmen und gewährt diesen einen kontrollierten Zugriff auf Bereiche im Unternehmensnetzwerk.[97] Diese Kommunikationsform muss über besondere Sicherheitsmechanismen verfügen, um sensible Bereiche des Intranets vor unbefugtem Zugriff zu schützen.

6.3.3 Remote-Access-VPN

Wie bereits in Abbildung 23 beschrieben, geht es bei dem Remote-Access-VPN um die gesicherte Anbindung mobiler Anwender wie beispielsweise Außendienstmitarbeiter. Diese Form des Zugriffs auf zentral bereitgestellte Daten und Anwendungen ist die – wie in Abbildung 22 aufgezeigt – meistgenutzte Variante der VPN-Technik. Gleichzeitig stellt das Remote-Access-VPN die Form der Datenübertragung bereit, um mit dem mobilen PDA den gesicherten Zugang zum Unternehmensnetzwerk zu realisieren. Auf herkömmliche Weise wird der Remote Access über einen *Remote-Access-Konzentrator* erreicht. Dieser stößt aber bei einigen Übertragungsmedien an seine Grenzen und wird ergänzt vom *VPN-Konzentrator*.

6.3.3.1 Remote-Access-Konzentrator

Der Remote-Access-Konzentrator fasst die Anschlussleitungen vieler Endeinrichtungen auf einen Netzknoten zusammen und ermöglicht Verbindungen mit folgenden Übertragungsmedien:

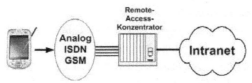

Abbildung 24: Remote-Access-Konzentrator

---

[96] vgl. Hein, Mathias / Reisner, Michael (2002), S. 162
[97] vgl. Lipp, Manfred (2001), S. 42

Dieses – eher in den Anfängen der Remote-Access-VPNs eingesetzte – System er-möglicht nur die Einwahl über öffentliche Telefonsysteme. Aufgrund der hohen Verbin-dungsgebühren, insbesondere aus dem Fernbereich, und den nicht einsetzbaren breit-bandigen Diensten wie beispielsweise DSL, werden vermehrt VPN-Konzentratoren ein-gesetzt.

6.3.3.2 VPN-Konzentrator

Der VPN-Konzentrator, auch VPN-Gateway genannt, übernimmt die Funktionen des Remote-Access-Konzentrators und terminiert (einkommende VPN-Tunnel) dabei aus-schließlich IP-Verbindungen. Die Aufgabe der Clients besteht darin, eine IP-Verbin-dung zu initiieren. Dies wird durch den beim PDA mit Pocket PC 2003 vorinstallierten Verbindungsmanager möglich, der VPN-Serververbindungen mit unterschiedlichen VPN-Typen unterstützt. Sowohl der Client, als auch der VPN-Konzentrator sind über einen ISP an das Internet angeschlossen. Zwischen den beiden beteiligten Systemen wird durch das Internet ein Tunnel aufgebaut, der die zu übertragenden Daten vor un-berechtigtem Zugriff schützt. Bei dieser Lösung wird ein erheblicher Teil der Komplexi-tät auf den ISP übertragen, dem dadurch die Terminierung der verschiedenen Einwahl-protokolle obliegt.[98] Die wichtigsten Einwahlmöglichkeiten beziehungsweise die zur Verfügung stehenden Übertragungsmedien werden in Abbildung 25 aufgezeigt:

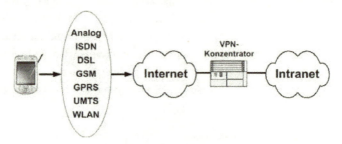

Abbildung 25: VPN-Konzentrator

Im Gegensatz zum Remote-Access-Konzentrator wird beim VPN-Konzentrator die Ein-wahlmöglichkeit nicht mehr durch das System begrenzt, sondern durch die Zugangs-technologie des ISPs zum Internet. „Der Endkunde selbst braucht kein zentrales Equip-ment zur Terminierung dieser Verbindungen mehr bereitzuhalten, dies erledigen die Service Provider. Der Kunde terminiert nur so genannte Tunnel, die vom Provider zu seinem VPN-Konzentrator aufgebaut werden. (...) Beim Einsatz einer VPN-Technolo-gie, bei der die virtuelle Verbindung auf dem Client initiiert wird, ist man auch völlig unabhängig vom Internet Service Provider. Man kann ihn jederzeit wechseln oder auch

---

[98] vgl. http://www.ordix.de/onews2/1_2003/siteengine/artikel/sundn_1.html

problemlos mehrere ISP gleichzeitig benutzen. Denn der Service Provider ist dann in keiner Weise mehr in die Funktion des VPN involviert, er terminiert lediglich Telefonanrufe und Festverbindungen und überträgt IP-Pakete zwischen Endgeräten und VPN-Konzentratoren.[99] Doch nicht nur die Reduzierung der Komplexität spricht für den Einsatz eines VPN-Konzentrators, sondern auch die geringeren Verbindungskosten zum Internet und den möglichen Einsatz breitbandiger Technologien wie beispielsweise DSL und UMTS.

6.4 Tunneling-Technologien

Das Tunneling bildet die Basis von VPNs und ermöglicht die Kapselung von Paketen eines Netzwerkprotokolls in Pakete eines anderen Netzwerkprotokolls. Auf diese Weise können private Netze über das Internet miteinander verbunden werden. Hierzu werden die IP-Pakete mit privaten Adressen in Pakete mit offiziellen IP-Adressen eingekapselt und durch das Internet zur Gegenstelle transportiert. Aufgabe der Gegenstelle ist dann, die originalen Pakete wieder auszupacken.[100]

Die zwei wesentlichen Aspekte der Tunneling-Technologien bilden die *Tunneling-Modelle* und vor allen Dingen die *Tunneling-Protokolle*.

6.4.1 Tunneling-Modelle

Je nachdem, wo die Tunnel beginnen und enden, werden die drei verschiedenen Modelle *Intra-Provider-Modell*, *Provider-Enterprise-Modell* und *Ende-zu-Ende-Modell* unterschieden. Dabei erfolgt die Differenzierung anhand des Beteiligungsgrades durch den Anwender, Service Provider und Carrier. Hintergrund dieser unterschiedlichen Gewichtung der Beteiligten ist die Möglichkeit, ein IP-VPN selbst zu betreiben oder dieses teilweise bis komplett out zu sourcen.

6.4.1.1 Intra-Provider-Modell

Bei dem Intra-Provider-Modell ist der Kunde beziehungsweise der Anwender nicht in das Tunneling involviert. Anfangs- und Endpunkt des Tunnels liegen beim Service Provider, so dass auch die benötigten Gateways vom Provider selbst betrieben werden. Der Kunde setzt bei diesem Modell keine spezielle Tunneling-Technologie ein und muss damit grundsätzlich auf dem Client keine VPN-Software verwenden. Da die Systemkonfiguration vollständig vom ISP vorgenommen wird, muss der Kunde beim VPN-Management beispielsweise nur die Benutzerverwaltung sicherstellen.

Die Abbildung 26 veranschaulicht die Tunneling-Modelle und vergleicht deren Anfangs- und Endpunkte:

---

[99] Lipp, Manfred (2001), S. 39ff.
[100] vgl. Lipp, Manfred (2001), S. 169

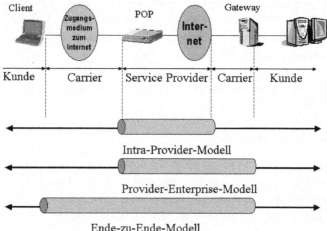

Abbildung 26: Tunneling-Modelle[101]

6.4.1.2 Provider-Enterprise-Modell

Im Gegensatz zum Intra-Provider-Modell endet der Tunnel im Provider-Enterprise-Modell erst am VPN-Gateway des Kunden. Bei diesem hauptsächlich für Remote-Access-VPNs verwendeten Modell wählen sich die Clients nach wie vor am POP des ISPs ein. Am Tunneling sind aber sowohl Service Provider als auch der Kunde involviert. Daher ist der Kunde für die spezielle Hard- und Software des VPN-Gateways zuständig.

Standardmäßig finden bei diesem Modell die Tunneling-Protokolle *L2TP* und *L2F* ihren Einsatz, in selteneren Fällen auch das Protokoll *PPTP*.

6.4.1.3 Ende-zu-Ende-Modell

Die Tunnelverbindung wird beim Ende-zu-Ende-Modell ausschließlich auf den Systemen der Kunden aufgebaut. „Die Carrier und/oder Service Provider sind dabei gar nicht in das Tunneling involviert. Sie transportieren im Fall von IP-VPN ausschließlich IP-Pakete. Dass in diesen Paketen andere Pakete eingekapselt sind, können sie zwar erkennen (...), aber es hat keinen Einfluss auf den Transport der IP-Pakete. (...) Die Remote-Access-Clients wählen sich in die POPs der Service Provider ein und eine spezielle VPN-Clientsoftware im Endgerät des Kunden baut daraufhin einen Tunnel zu einem VPN-Gateway im Kundennetzwerk auf.

---

[101] vgl. http://www.informatik.hu-berlin.de/~hilse/dateien/vpn.ppt

Theoretisch kann man fast alle Tunneling-Protokolle in einem Ende-zu-Ende-Modell einsetzen, jedoch sind einige Protokolle besser dafür geeignet als andere."[102] In der Regel werden bei diesem Modell *IPSec* im Tunnelmodus und *PPTP* verwendet.

6.4.2 Tunneling- und Verschlüsselungsprotokolle

Im vorliegenden Abschnitt geht es um die verwendeten Tunnel- und Verschlüsselungsprotokolle, die sich in drei verschiedene Klassen einteilen lassen:

- Layer-2-Tunneling-Protokolle

- Layer-3-Tunneling-Protokolle

- Layer-4-Protokolle

Grundlage zur Unterscheidung bildet die jeweilige Schicht des OSI-Referenzmodells:

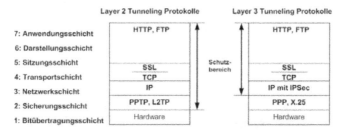

Abbildung 27: Vergleich Layer 2 - Layer 3 Tunneling-Protokolle[103]

6.4.2.1 Layer-2-Tunneling-Protokolle

Der größte Vorteil der Layer-2-Tunneling-Verfahren liegt in der Multiprotokollfähigkeit. Das heißt, dass eine Vielzahl von Netzwerkprotokollen getunnelt werden können. Die für das Tunneling auf der Layer-2-Ebene entwickelten Protokolle *PPTP, L2F* und *L2TP* entsprechen der Sicherungsschicht im OSI-Referenzmodell und kapseln Datenpakete in einem PPP-Rahmen, der über das Netzwerk gesendet wird. Das Point-to-Point-Protokoll arbeitet auf Schicht 2 des OSI-Referenzmodells und stellt die Übertragung von Schicht-3-Protokollen über eine Punkt-zu-Punkt-Verbindung sicher. Zu diesen Verbindungen zählen beispielsweise Wählverbindungen über das analoge- oder ISDN-Telefonnetz.

Kennzeichen der Layer-2-Tunneling-Protokolle ist, dass ein Tunnel erstellt, verwaltet und schließlich beendet werden muss. Ist der Tunnel eingerichtet, können die getunnelten Daten gesendet werden. Der Client oder der Server bereitet die Daten mit einem Übertragungsprotokoll für Tunneldaten für die Übertragung vor. Sendet der

---

[102] Lipp, Manfred (2001), S. 172
[103] vgl. Frank, Martin / Hoffmann, Mark (2002), S. 24

Tunnelclient beispielsweise Datenpakete an den Tunnelserver, fügt er zuerst einen Header für das Übertragungsprotokoll für Tunneldaten zu den Datenpaketen hinzu. Daraufhin sendet der Client die gekapselten Datenpakete über das Netzwerk, wo sie an den Tunnelserver weitergereicht werden. Der Tunnelserver nimmt die Pakete an, entfernt den Header des Tunneldaten-Übertragungsprotokolls und reicht die Daten-pakete an das Zielnetzwerk weiter.[104]

6.4.2.1.1 Point-to-Point-Tunneling-Protocol (PPTP)

PPTP ist ein von Microsoft entwickeltes Protokoll, das insbesondere für den VPN-Bereich *Remote Access* interessant ist. Alle Microsoft Betriebssysteme sind mittler-weile mit PPTP Client Software ausgestattet und ermöglichen den Einsatz aller Ein-wahltechniken. PPTP verpackt PPP-Pakete in IP-Pakete und bietet damit die Möglich-keit, auch Nicht-IP-Protokolle zu tunneln. Da dieses Protokoll eine Erweiterung zum be-stehenden PPP ist, kennt es auch das PAP und CHAP Protokoll zur Authentifizierung von Benutzern. Darüber hinaus unterstützt es Verschlüsselungsmechanismen wie bei-spielsweise DES.

Da die Ableitung des Schlüssels aus der Benutzer-Authentifizierung in der Vergangen-heit Zielscheibe einiger erfolgreicher Angriffe war, hat Microsoft mit einem Update die Authentifizierung MS-CHAP implementiert. Die Weiterentwicklung *MS-CHAP v2* stellt die gegenseitige Authentifizierung sicher, so dass sowohl die Identitätsüberprüfung des Clients als auch des Servers erfolgt. Daher stellt MS-CHAP v2 die sicherste der ange-botenen Methoden für die Authentifizierung mit Benutzername und Kennwort dar.

6.4.2.1.2 Layer-2-Tunneling-Protocol (L2TP)

Das L2TP wurde vordergründig für den Einsatz im Provider-Enterprise-Modell ent-wickelt und wird standardmäßig ab Windows 2000 unterstützt. Mittels des Protokolls kann eine virtuelle Verbindung zwischen zwei Kommunikationseinheiten aufgebaut werden. L2TP bietet selbst keine Verschlüsselung der Daten an, kann aber über Me-chanismen wie IPSec erweitert werden. Um eine Authentifizierung der kommunizieren-den User zu gewährleisten, werden die Authentifizierungsprotokolle PAP oder CHAP verwendet. Da diese beiden Protokolle aber keinen ausreichenden Verschlüsselungs-mechanismus bieten, ist die Erweiterung der Authentifizierung über RADIUS-Server sinnvoll.

Das Layer-2-Tunneling-Protocol kann entweder im Provider-Enterprise-Modell oder im Ende-zu-Ende-Modell betrieben werden. Letztgenannte Variante wird schematisch in Abbildung 28 verdeutlicht:

---

[104] vgl. http://www.technik4netzwerk.de/VPN-Detail.htm

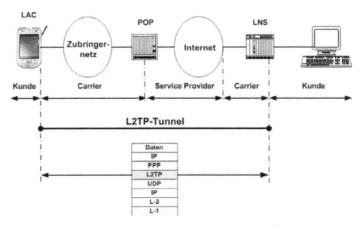

Abbildung 28: L2TP im Ende-zu-Ende-Modell[105]

Die L2TP-Architektur besteht im Wesentlichen aus dem *L2TP Access Concentrator* (LAC) und dem *L2TP Network Server* (LNS). „Der LAC verwaltet die Verbindungen und stellt diese zum LNS her. Der LNS ist für das Routing und die Kontrolle der vom LAC empfangenen Pakete zuständig. Das L2TP definiert die Kontroll- und Datenpakete zur Kommunikation zwischen dem LAC und dem LNS. (…) Mit L2TP wird ein Tunnel zwischen LAC und LNS aufgebaut. (…) In diesem Tunnel wird für jede PPP-Verbindung eine Sitzung (Session) zwischen LAC und LNS aufgebaut. Mittels des Multiplex-Modus lassen sich in einem Tunnel mehrere Sitzungen aufbauen. Innerhalb des PPP-Tunnels existieren zwei verschiedene Kanäle. In einem befinden sich die Kontrollnachrichten, in dem anderen die eigentlichen Nutzdaten. Der Kontrollkanal ist eine gesicherte Verbindung, der Datenkanal ist eine ungesicherte Verbindung. Die Nutzdaten werden also ungesichert in Klartext übertragen, sofern das Transport-Protokoll (PPP) keine Verschlüsselung unterstützt oder nicht aktiviert wurde."[106] Ein Schutz der getunnelten Daten kann beispielsweise mit dem Layer-3-Tunneling-Protokoll IPSec erfolgen. Für VPN-Lösungen werden dazu in der Regel die L2TP/IPSec-Kombination verwendet. „Durch diese Kombination von IPSec und L2TP beseitigt man entscheidende Schwachstellen in beiden Verfahren. IPSec ist ein sehr sicheres Protokoll, aber von seinem Design her ausschließlich auf Sicherheit ausgelegt – mit der Option, einzig und allein IP zu tunneln. (…) L2TP andererseits kann aufgrund seines Designs alle möglichen Protokolle tunneln, sofern sie in PPP einzukapseln sind. Aber L2TP bietet praktisch keine nennenswerten Sicherheitsfunktionen. Durch die Kombination beider Protokolle heben sich beide Schwächen gegenseitig auf und man hat ein sehr flexibles

---

[105] vgl. Lipp, Manfred (2001), S. 179
[106] http://www.elektronik-kompendium.de/sites/net/0906131.htm

Tunneling-Protokoll mit höchster Sicherheit."[107] Allerdings verlangt dieses Verfahren eine komplexere Infrastruktur, die sowohl vom Remote Client als auch vom Gateway des Unternehmensnetzes sehr viel Verarbeitungsleistung abverlangt.

6.4.2.2 Layer-3-Tunneling-Protokoll *IP-Security* (IPSec)

Das IP-Security-Protokoll ist der am weitesten verbreitete Sicherheitsstandard für VPNs. IPSec wurde 1998 mit dem Ziel entwickelt, die Sicherheitslücken des Internet-protokolls (IP) zu beheben und die Vertraulichkeit, Authentizität sowie Datenver-schlüsselung zu gewährleisten. Das Protokoll findet im Tunnel-Modus meist im Ende-zu-Ende-Modell Anwendung und ermöglicht damit den gesicherten Tunnel, der auf dem System des Kunden beginnt und endet. Hauptbestandteil sind die *Vertrauens-stellungen* (SA) zwischen den beiden Kommunikationspartnern, die die Kommunikation regeln. Die weitgehend flexiblen Kombinationen von Vertrauensstellungen verlangen einen sehr hohen Konfigurationsaufwand und setzen auf beiden Seiten den Austausch vieler Parameter voraus. Dazu zählen

* die Art der gesicherten Übertragung,
* der Verschlüsselungsalgorithmus,
* die Schlüssel
* und die Dauer der Schlüsselgültigkeit.[108]

Die Sicherheitsdienste werden von den zwei Protokollen *Authentication Header* (AH) und *Encapsulating Security Payload* (ESP) erbracht. Das AH-Protokoll stellt die Authentizität des Paketursprungs und die Datenintegrität sicher. Dies erfolgt mit Hilfe einer kryptographischen Prüfsumme über die entsprechenden Nutzdaten und Teile des Paketkopfes. Das ESP-Protokoll gewährleistet selbst auch die Authentifizierung und In-tegrität, darüber hinaus schützt es aber vor Abhörversuchen, indem die Daten ver-schlüsselt werden.

IPSec kann anhand von zwei implementierten Protokollen im Transport- oder Tunnel-modus arbeiten. Beim Transportmodus wird nur der Datenteil des IP-Paketes ver-schlüsselt. Der Rest des Paketes, wie beispielsweise der IP-Header, bleiben unver-ändert. Dieses Verfahren findet zum Beispiel Anwendung, um Passwörter zu über-tragen. Im Tunnelmodus dagegen wird das komplette IP-Paket verschlüsselt und mit einem neuen IP-Header ergänzt. Das Tunnelmodus-Verfahren ermöglicht die transpa-rente Verbindung über ein öffentliches Netzwerk und stellt damit ein klassisches VPN-dar.

---

[107] Lipp, Manfred (2001), S. 305
[108] http://www.elektronik-kompendium.de/sites/net/0906191.htm

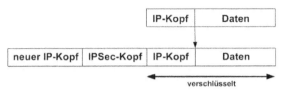

Abbildung 29: IPSec im Tunnelmodus[109]

Die Abbildung 29 veranschaulicht die Ergänzung des neuen IP-Kopfes. Der einge-
kapselte IPSec-Kopf enthält – je nach Anforderung – entweder den Authentication-,
den ESP- oder beide Header.

Die bereits im Unterabschnitt 6.4.2.1 behandelten Layer-2-Tunneling-Protokolle PPTP
und L2TP ermöglichen den Transport aller Protokolle oberhalb der Schicht 2 des OSI-
Referenzmodelles. Daher sind diese beiden Schicht-2-Protokolle auch für Multiproto-
koll-Anwendungen einsetzbar. IPSec setzt dagegen auf Ebene 3 auf und kann nur IP
tunneln. Diese und weitere Eigenschaften der drei betrachteten VPN-Protokolle werden
in der Tabelle 4 verglichen:

	PPTP	**L2TP**	**IPSec**
Einsatz	Remote Access	Remote Access	Remote Access Extranet VPN Intranet VPN
Verfahren	Layer 2 Tunneling	Layer 2 Tunneling	Layer 3 Tunneling
Standardisiert	Nein	Ja	Ja
Gekapselte Protokolle	alle über OSI-2-Layer	alle über OSI-2-Layer	IP und alle über OSI-3-Layer
Benutzer-Authentifizierung	Nein[3]	Nein[3]	Nein[3]
Paket-Authentifizierung	Nein	Nein[2]	Ja (AH)
Paket-Verschlüsselung	Nein[1]	Nein[2]	Ja (ESP)
Schlüssel-Management	Nein	Nein[2]	Ja (IKE)
Bemerkung	1) abhängig vom Hersteller 2) nach aktuellem RFC wird IPSec empfohlen 3) Zum Einsatz kommen RADIUS, PAP, CHAP und weitere		

Tabelle 4: PPTP, L2TP und IPSec im Vergleich[110]

Die Tabelle 4 zeigt auf, dass IPSec im Gegensatz zu den Layer-2-Protokollen ein
Schlüssel-Management-Protokoll beinhaltet. IKE ermöglicht die automatische Schlüs-
selverwaltung für IPSec und sorgt für den Austausch von Schlüsseln über unsichere
Netzwerke. Die erforderlichen Schlüssel und Algorithmen sind vor Beginn einer ver-
schlüsselten Datenübertragung festzulegen. Diese Aufgabe übernimmt das auf UDP-
basierende IKE-Protokoll, indem es die schon erwähnte Vertrauensstellung zwischen
den beiden Kommunikationspartnern durch Festlegung der Authentifizierungs- und
Verschlüsselungsalgorithmen herbeiführt.

---

[109] http://www-rnks.informatik.tu-cottbus.de/de/teachings/2003/WS/ProseminarComputerNetworking/
materials/SebastianPuder.pdf
[110] http://www.tdt.de/switched/0201/web.html

Ferner verdeutlicht Tabelle 4, dass die schon angeführte Kombination von L2TP und IPSec – auch IPSec over L2TP genannt – die jeweiligen Schwächen beider Protokolle beseitigt und damit ein flexibles und zugleich sicheres Tunneling-Protokoll zur Verfügung steht.

6.4.2.3 Layer-4-Protokoll *Secure Socket Layer* (SSL)

Das von Netscape entwickelte SSL-Protokoll bietet wie IPSec eine Verschlüsselung von Daten und setzt dabei mit seinen Sicherheitsmechanismen im OSI-Referenzmodell direkt auf der Transportschicht auf. Unter Verwendung von SSL werden die Grundfunktionen wie Vertraulichkeit und Integrität für höhere Schichten, wie beispielsweise HTTP, bereitgehalten. Eine verbindungsorientierte Kommunikationssicherheit ist mit SSL gegeben, bei der Daten zwischen einer Browser-Anwendung (HTTP) und einem Web-Server im Internehmensnetz ausgetauscht werden. Benutzer können mit SSL aber nur über das Web auf das Unternehmensnetz zugreifen.

Da sich IPSec und SSL in einigen ihrer Funktionalitäten gleichen, werden nachfolgend die beiden Techniken gegenübergestellt. Zu den Gemeinsamkeiten zählen

- Die Client- und Server-Authentifizierung
- Die Gewährleistung der Datenintegrität und –authentifizierung sowie Vertraulichkeit (aber auf unterschiedlichen OSI-Ebenen)
- Starke kryptographische Techniken zur Verschlüsselung und zur Integrität
- Zertifikatsbasierende Authentifizierung (IKE)

Als die wesentlichen Unterschiede zwischen IPSec und SSL werden festgehalten

- SSL ist zwischen der Anwendungs- und Transportschicht angesiedelt
- SSL bietet eine Anwendung-zu-Anwendung-Sicherheit (zwischen Web-Browser und Web-Server), IPSec jedoch eine Ende-zu-Ende-Sicherheit
- SSL bietet im Gegensatz zu IPSec keinen Schutz des IP-Protokollkopfes (Header) an
- SSL nutzt kein Tunnelverfahren und arbeitet mit Hilfe einer Ende-zu-Ende-Verschlüsselung

SSL ist gut geeignet, um für eine einzelne Applikation einen gesicherten Remotezugang bereitzustellen. Wenn jedoch gleich mehrere Anwendungen (Exchange, Datenbanken, ERP-Systeme) abgesichert werden sollen, ist es einfacher, eine Absicherung auf Netzebene mit IPSec durchzuführen.[111]

---

[111] vgl. Böhmer, Wolfgang (2002), S. 283 ff.

7   Lösungsvarianten: Mobiler Zugriff auf Unternehmensnetze

Für die Darstellung konkreter Lösungsvarianten des Zugriffs auf Unternehmensnetze ist zunächst eine Differenzierung bei den Anwendungs- und damit verbundenen Netzzugangsmöglichkeiten sinnvoll. Das Anwendungsgebiet wird unterschieden in die Bereiche *Remote Office* und *Mobile Office*. Der Einsatz des PDAs steht hierbei für den weitestgehend flexiblen und mobilen Zugang zum Unternehmensnetz und zählt somit zum Bereich des Mobile Office. Auch wenn alle unter Kapitel 4 dargestellten Netzzugangsmöglichkeiten den Zugriff vom PDA auf das Unternehmensnetz zulassen, geht es bei der Betrachtung des PDAs vor dem Hintergrund des Mobile Office vordergründig um drahtlose Zugangstechniken. Hierzu zählen die in Abbildung 30 dargestellten und bereits weit bis flächendeckend verbreiteten Techniken GSM, GPRS, UMTS und Wireless LAN.

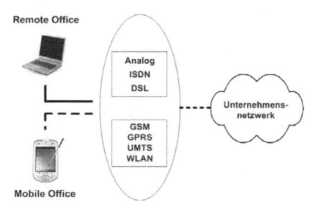

Abbildung 30: Remote Office versus Mobile Office

Im Gegensatz zum Mobile Office findet der Einsatz des Remote Office meist ortsgebunden statt. Hierzu zählen beispielsweise Home Office-Arbeitsplätze, bei denen in der Regel unternehmenseigene Hardware (Laptop) über drahtgebundene Medien wie ISDN oder DSL auf das Unternehmensnetz zugreifen. Bei dieser Variante des Netzzugangs steht die flexible und mobile Anwendung im Unterschied zum Mobile Office weniger im Vordergrund.

Das vorliegende Kapitel stellt detailliert eine Lösungsvariante für den Zugang per PDA zum Unternehmensnetz über GPRS und Wireless LAN Hot-Spots dar. Beide Medien sind für den Mobile Office-Einsatz weit verbreitet und bieten für gewöhnlich eine ausreichende Bandbreite an.

7.1 Zugang zum Unternehmensnetz über GPRS

Um eine sichere Lösungsvariante beim Zugriff des PDAs über GPRS auf das Unternehmensnetzwerk aufzeigen zu können, müssen zunächst eine Reihe von Voraussetzungen bezüglich der PDA-Hardware und des Betriebssystems überprüft werden.

7.1.1 Voraussetzungen an die PDA-Hardware für einen GPRS-Zugang

Für die Datenübertragung mittels GPRS muss der entsprechende PDA über eine der in Abbildung 31 dargestellten Netzzugangsmöglichkeiten verfügen:

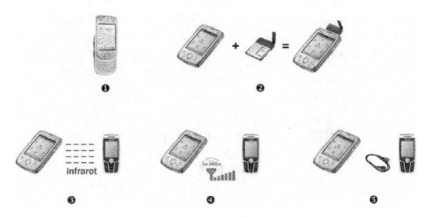

Abbildung 31: GPRS-Netzzugangsvarianten für PDAs

Die fünf Zugangsmöglichkeiten stellen im Einzelnen folgende Hardware-Umgebungen dar:

1. PDA als Smartphone mit integrierter Mobilfunktechnik (beispielsweise MDA) Details hierzu werden in Kapitel 5 erläutert.

2. Mobilfunkerweiterung für PDA-Kartenschnittstelle (siehe Abschnitt 3.1.6)

3. PDA-Handy Datenaustausch über die integrierten Infrarot-Schnittstellen (Abschnitt 4.2.1)

4. PDA mit integrierter Bluetooth-Funktion oder mit Bluetootherweiterung für die Kartenschnittstelle (Einzelheiten sind unter 3.4.1 und 4.2.2 beschrieben)

5. Der PDA wird mit einem speziellen Datenkabel an das Handy angeschlossen (Details siehe unter 4.1.1.4)

Für den im Folgenden dargestellten Lösungsansatz der GPRS-Datenübertragung wird die erste Variante verwendet. Der PDA als Smartphone verfügt hierbei über die erforderliche Funktionalität einer datenzentrierten Mobilkommunikation.

7.1.2 Voraussetzungen an das Betriebssystem für einen GPRS-Zugang

Um den sicheren Datenaustausch zwischen dem PDA und Unternehmensnetz zu realisieren, sind die nativen Funktionen des Microsoft Betriebssystems Pocket PC 2003 zu analysieren. Zu den zwingend erforderlichen Applikationen und Services zählen:

- Mobilfunk-Applikationen: GSM- und GPRS-Support (Bestandteil der Pocket PC Phone Edition, Teil 5.3)

- Netzwerk-Service: TCP/IP

- WAN-Netzwerk-Services: a) Einwahl-Netzwerk: RAS/PPP
                          b) VPN: PPTP, L2TP/IPSec

- Authentifizierungs-Service für Einwahl-Netzwerk: NT LAN Manager (NTLM)

- VPN-Authentifizierungs-Services: PAP, CHAP und MS-CHAP

- User-Authentifizierungs-Services: a) RSA SecureID
                                     b) 802.1x (Standard zur Authentifizierung mittels eines RADIUS-Servers)

- Verschlüsselungs-Services: RC4, DES, 3DES, und RSA[112]

Für die Lösungsvariante des sicheren GPRS-Zuganges stellt Pocket PC 2003 alle aufgeführten notwendigen Services und Applikationen bereit. Da, wie bereits unter 7.1.1 erwähnt, im Folgenden der GPRS-Zugang unter Verwendung des MDAs betrachtet wird, muss zusätzlich sichergestellt sein, dass der MDA über eine GSM/GPRS-Telefonie-Applikation verfügt. Diese Anforderung ist mit der implementierten *Phone Edition* erfüllt, die das vorhandene Betriebssystem Pocket PC 2003 ergänzt.

7.1.3 Aufbau einer sicheren GPRS-Datenübertragung

Eine sichere GPRS-Datenübertragung kommt durch den Aufbau einer Internetverbindung und der sich anschließenden VPN-Verbindung zustande. Beide Bestandteile werden in den folgenden Unterabschnitten untersucht.

7.1.3.1 Aufbau der Internetverbindung

Bevor eine VPN-Verbindung zum Firmennetzwerk hergestellt werden kann, muss eine Internetverbindung bestehen. Der beim Pocket PC 2003 enthaltene Verbindungsmanager enthält die erforderliche Kommunikationssoftware zum Herstellen einer drahtlosen Verbindung über einen entsprechenden Mobilfunk-Internet-Serviceprovider (ISP).

---

[112] vgl. http://www.microsoft.com/downloads/details.aspx?FamilyID=111fe6d5-b0e1-4887-8070-be828e50faa9&displaylang=en

Die Abbildung 32 zeigt die Einstiegsseite des Verbindungsmanagers. Um eine Internetverbindung herzustellen, muss zunächst ein neues Verbindungsprofil eingestellt werden. Zu den erforderlichen Parametern zählen beispielsweise der Benutzername und das Kennwort, die – abhängig vom Mobilfunk-ISP – entweder über das Protokoll PAP oder CHAP übertragen werden. Eine feste IP-Adresse wird bei dem Verbindungsprofil nicht hinterlegt, da diese dynamisch bei einem Verbindungsaufbau vom Mobilfunk-ISP dem Gerät zugeteilt wird.

Abbildung 32: Verbindungsmanager[113]

7.1.3.2 Aufbau der VPN-Verbindung

Wie die Abbildung 33 veranschaulicht, sind bei Pocket PC 2003 die Standardprotokolle IPSec/ L2TP und PPTP nutzbar.

Resultierend aus dem in Unterabschnitt 6.4.2.2, Tabelle 4 dargestellten Vergleich der Tunneling-Protokolle wird bei der GPRS-Lösungsvariante die – gegenüber PPTP – sicherere L2TP/ IPSec-Kombination betrachtet.

Bei dem in Abbildung 33 erforderlichen Eintrag *Hostname/IP-Adresse* ist die Adresse des VPN-Endpunktes anzugeben, der in der Regel als VPN-Gateway implementiert ist.

Abbildung 33: IPSec/L2TP und PPTP[114]

Bestandteil beim Aufbau des gesicherten VPN-Tunnels ist die Benutzer-Authentifizierung. Die bereits unter 6.2.3.3 beschriebene RADIUS-Lösung findet hierbei Anwendung und beinhaltet den im Unternehmensnetz befindlichen RADIUS-Server, der die Verwaltung und Speicherung der Benutzerdaten an zentraler Stelle übernimmt.

---

[113] http://www.microsoft.com/germany/windowsmobile/ppc2003_tour_connection.mspx
[114] http://www.ppc-phones.de/index.php?site=konfigurationen/pocketpc/activesync_vpn_wlan.htm

Die Abbildung 34 zeigt den Ablauf der Benutzer-Authentifizierung und die wichtigsten
für eine RADIUS-Lösung erforderlichen Systeme im Unternehmensnetz:

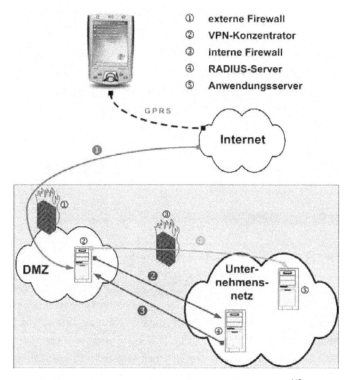

① externe Firewall
② VPN-Konzentrator
③ interne Firewall
④ RADIUS-Server
⑤ Anwendungsserver

Abbildung 34: Authentifizierungsvorgang mit User-RADIUS[115]

Die DMZ stellt einen gesonderten Netzbereich dar, der von einer externen Firewall in
Richtung Internet abgeschottet ist und ebenso mit einer internen Firewall den privaten
Teil des Unternehmensnetzes schützt. Die in dieser Zone befindlichen Rechner sind
sowohl vom Internet als auch vom Intranet aus zu erreichen.

Nach dem erfolgreichen Verbindungsaufbau über GPRS zum Internet, steht zunächst
die Authentifizierung an, die – wie in Abbildung 34 veranschaulicht – aus den folgenden vier Schritten besteht:

1.   Remote-Client (MDA) startet Anfrage beim VPN-Konzentrator (fungiert als LNS)

2.   Der VPN-Konzentrator nimmt seinerseits eine UDP-Verbindung mit dem
     RADIUS-Server auf, der die Identität und Rechte des Nutzers überprüft

---

[115] Neuhaus, Christoph (2005), Gespräch am 24.01.2005

3.   Das Ergebnis der Überprüfung wird vom RADIUS-Server an den RADIUS-Client (VPN-Konzentrator) übermittelt

4.   Wird der erfolgreiche Authentifizierungsvorgang vom RADIUS-Server bestätigt, erhält der Remote-Client den Zugang zum Anwendungsserver

Unter Verwendung von IPSec ist die sichere Ende-zu-Ende-Verbindung zwischen dem Remote-Client und dem Unternehmensnetzwerk gewährleistet. Die Abbildung 35 verdeutlicht, wie mit dem L2TP-fähigen MDA eine PPP-Verbindung mit IPSec abgesichert werden kann. Der Remote-Client fungiert gleichzeitig auch als LAC:

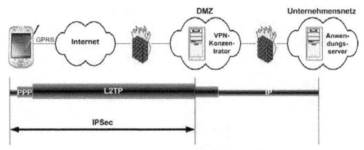

Abbildung 35: Gesicherte PPP-Verbindung

Die Variante stellt die Absicherung bis zum Sicherheitsgateway beziehungsweise VPN-Konzentrator dar. Eine Ende-zu-Ende-Absicherung ist dabei an dieser Stelle gegeben, da der Tunnel über den unsicheren Teil der Verbindung gelegt wird und sich der VPN-Konzentrator im gesicherten Bereich des Unternehmens befindet. Was die Verbindung zwischen dem VPN-Konzentrator und dem Anwendungsserver anbelangt, kann festgestellt werden, dass sich der Remote-Client transparent im Unternehmensnetz befindet.

Die betrachtete Lösungsvariante unter Verwendung der L2TP/IPSec-Kombination kann problemlos bei Remote-Clients mit fester offizieller IP-Adresse angewandt werden. Da jedoch, aufgrund knapper IP-Adressen, verstärkt private IP-Netzwerkadressen eingesetzt werden, bedarf es einer Übersetzung der privaten in öffentliche IP-Adressen. Das hierfür verwendete NAT-Verfahren verbirgt die privaten Netzwerkadressen hinter einer oder mehreren offiziellen IP-Adressen und geht von der Annahme aus, dass nicht alle Clients in einem Netzwerk gleichzeitig auf das Internet zugreifen. Dem lokalen Netzwerk wird daher eine kleine Anzahl von registrierten Adressen zugeordnet.[116] Wird nun versucht, ein auf IPSec basierendes VPN über NAT-Router aufzubauen, führt dies im Einzelnen zu folgenden Auswirkungen:

---

[116] vgl. Hein, Mathias / Reisner, Michael (2002), S. 186 f.

- Wird IPSec zur Paket-Authentifizierung verwendet, entsteht ein ungültiges Datenpaket und wird vom NAT-Server oder Client abgewiesen

- Beim Einsatz von IPSec zur Paket-Verschlüsselung ist der NAT-Router nicht in der Lage, die Informationen zu überschreiben

Die Probleme werden durch die beiden bereits unter 6.4.2.2 beschriebenen Protokolle AH und ESP verursacht. NAT verändert beispielsweise bei der Umwandlung der privaten in eine offizielle IP-Adresse das durch AH geschützte Paket und führt damit dazu, dass ein so modifiziertes Datenpaket verworfen wird, da die Integrität nicht mehr gewährleistet ist.[117]

An dieser Stelle setzt die Weiterentwicklung des NAT durch *NAT-Traversal* an. Dieses Zusatzprotokoll stellt die Kommunikation von NAT-Geräten sicher, indem jedes IPSec-Paket zusätzlich in einen IP- und UDP-Header verpackt werden. Da jedoch nach derzeitigem Stand Microsoft noch kein NAT-T-Add-On für Pocket PC 2003 zur Beseitigung der NAT-Problematik mit L2TP/IPSec veröffentlicht hat, kann bei Remote-Clients mit privaten IP-Adressen nur auf eine der beiden Alternativen zurückgegriffen werden:

1. Installation einer Third-Party-Lösung, bei der sichergestellt sein muss, dass das Software-Zusatzprodukt die NAT-Umsetzung unterstützt

2. Einsatz des NAT-fähigen Tunnelprotokolls PPTP

Hat der Remote-Client über den Internetzugang einen VPN-Tunnel initiiert, sind dem Pocket PC zwei IP-Adressen zugewiesen. Die erste IP-Adresse wird für die Verbindung zum Internet benötigt und ist entweder als offizielle IP-Adresse im PDA hinterlegt oder wird diesem im Zuge des NAT zugeteilt. Die zweite IP-Adresse erhält der Pocket PC vom Unternehmensnetz, sobald dieser für den VPN-Tunnel authentifiziert ist. Mit der privaten IP-Adresse kann der PDA sich dann über den gesicherten VPN-Tunnel transparent im Unternehmensnetz bewegen.

7.1.4 Fazit

Die für den Aufbau einer GPRS-Datenübertragung aufgezeigte Lösung mittels der IPSec/L2TP-Kombination stellt beim Remote Access mit PDAs eine Verbindungsvariante mit hohen Sicherheitsmechanismen dar. Eine Verschlüsselung durch IPSec, die bereits vor dem PPP-Verbindungsaufbau beginnt, sorgt dafür, dass keine Datenpakete während der Benutzer-Authentifizierung unverschlüsselt übertragen werden. Darüber hinaus wird durch den – in IPSec implementierten – Schlüssel-Management-Dienst *PKI* sichergestellt, dass auch der entsprechende PDA zur Ausweisung ein gültiges Zertifi-

---

[117] vgl. http://www.different-thinking.de/ipsec_nat_traversal.php

kat vorlegen muss. Anwendung finden daher doppelte Authentifizierungsmaßnahmen, da sich nicht nur der User über das RADIUS-System anmelden muss, sondern auch die VPN-Clients und -Server aufeinander abgestimmte Zertifikate benötigen.[118] Die bereits im Teil 6.2 genannten wichtigsten VPN-Sicherheitsanforderungen *Vertraulichkeit*, *Integrität* und *Authentifizierung* werden durch die Kombination von IPSec und L2TP daher weitestgehend erfüllt.

Im Bereich der NAT-Problematik muss bei der Verwendung von Remote Clients mit privaten IP-Adressen auf eine der beiden genannten Möglichkeiten ausgewichen werden. Wann genau beziehungsweise ob überhaupt Microsoft das notwendige Add-On für Pocket PC 2003 bereitstellt, ist derzeit nicht bekannt. Für die Betriebssysteme *Windows 2000* und *XP* sind die hierfür erforderlichen Updates Ende 2004 veröffentlicht worden.[119] Das NAT-fähige PPTP ist zwar nicht ganz so sicher wie das L2TP Protokoll über IPSec, trotz dessen bietet es aber bei der Verwendung von sicheren Kennwörtern in der Regel ein ausreichendes Schutzniveau.

Weiter zu beachten ist, dass der PDA grundsätzlich – während er online im Internet agiert – wie jeder andere Rechner auch von außen angreifbar ist. Positiv macht sich dabei beim Pocket PC jedoch bemerkbar, dass er nicht als reinrassiger Client auftritt und keine Serverdienste anbietet. Wird beispielsweise aus Testzwecken ein Portscan durchgeführt, wird deutlich, dass entweder kein einziger oder nur sehr wenige Ports offen sind. Ist trotz dessen eine zusätzliche Absicherung erforderlich, können auch softwarebasierte Mechanismen als Third-Party-Lösungen implementiert werden. Dazu zählen Firewalls oder auch automatisierte Verfahren, die nur eine jeweilige VPN-Verbindung zulassen und parallel dazu alle anderen Übertragungen unterbinden.

7.2 Zugang zum Unternehmensnetz über Wireless LAN

Für einen gesicherten Netzugang über WLAN ist ebenfalls zunächst eine Überprüfung der Voraussetzungen an die PDA-Hardware und an das Betriebssystem *Pocket PC 2003* erforderlich.

7.2.1 WLAN-Zugangsvoraussetzungen an den PDA und das Betriebssystem

Wie bereits im Kapitel 3 dargestellt, können PDAs ohne WLAN-Funktionalität mit einer entsprechenden Funk-LAN-Erweiterungskarte ausgestattet werden. Die vorliegende Lösungsvariante legt hingegen einen PDA mit integriertem WLAN-Adapter zu Grunde.

Über die in Abschnitt 7.1.2 aufgeführten nativen Funktionen von Pocket PC 2003 sind für einen WLAN-Netzzugang folgende LAN-Netzwerk-Services erforderlich:

---

[118] vgl. http://www1.microsoft.at/technet/news_showpage.asp?newsid=8968&secid=1488
[119] vgl. http://support.microsoft.com/?scid=kb;de;818043&spid=1173&sid=global

- Wireless LAN 802.11:   Standard mit integrierten Sicherheitsmechanismen
- Wireless LAN 802.1x: Ergänzung von 802.11 mit zusätzlichen Authentifizie-
                          rungs- und Verschlüsselungsprotokollen

Da Microsoft die obligatorischen Dienste dem Betriebssystem Pocket PC 2003 hinzu-gefügt hat[120], kann der WLAN-Zugang mit den bereitgestellten Möglichkeiten zur Authentifizierung und Verschlüsselung erfolgen.

7.2.2 Aufbau einer sicheren WLAN-Datenübertragung

Da die im Standard 802.11 integrierten Sicherheitsmechanismen wie WEP, SSID und der MAC-Adressen-Filter keinen umfassenden Schutz bieten, kann hiermit für den WLAN-Zugang die erforderliche Vertraulichkeit, Integrität und Authentifizierung nicht garantiert werden. Um beispielsweise den WEP Schlüssel zu brechen, „existieren bereits frei verfügbare Angriffs-Tools, mit deren Hilfe Schlüssel offen gelegt und ein An-greifer vollen Zugriff auf das Funk-LAN erlangen kann. Dazu muss ein Angreifer ledig-lich sein Endgerät mit einer Funk-LAN-Karte in der Reichweite des Zielnetzes auf-bauen und eines dieser Angriffsprogramme starten. Die Programme werten übertra-gene Datenpakete aus und liefern, nachdem sie eine für den Angriff erforderlich große Anzahl an relevanten Datenpaketen (ca. 3000) abgefangen haben, den geknackten WEP-Schlüssel. Die Dauer eines derartigen Angriffs hängt unter anderem davon ab, wie viel Datenverkehr über das Funknetz abgewickelt wird, und wie weit der Angreifer vom Zielnetz entfernt ist, da sich mit zunehmender Entfernung die Anzahl der Pakete, die abgefangen werden können, verringert. Bei Testszenarien, in denen wenige Teil-nehmer (zwei oder drei) ein durchschnittliches Datenaufkommen (...) erzeugten, dau-erte es immerhin ca. drei Tage, bis genügend relevante Datenpakete abgefangen wer-den konnten."[121] Auch die SSID und der MAC-Adressen-Filter bieten – wie bereits unter 4.2.3 erwähnt – keine weit reichende Sicherheit.

Um an dieser Stelle einen sicheren Lösungsweg für die WLAN-Datenübertragung de-finieren zu können, müssen zunächst die unterschiedlichen Einsatzgebiete von WLAN betrachtet werden. Verdeutlicht werden diese durch die im Anhang 1 hinzugefügte Ab-bildung. Dabei wird zwischen den für einen dienstlichen Einsatz vorrangig verwen-deten WLAN-Einsatzgebieten *Corporate-WLAN* (C-WLAN) und *Hot-Spots* unter-schieden.

---

[120] vgl. http://www.microsoft.com/downloads/details.aspx?FamilyID=111fe6d5-b0e1-4887-8070-be828e50faa9&displaylang=en
[121] Eckert, Claudia (2004), S. 829

7.2.2.1 Zugang über eine Hot-Spot-Infrastruktur

An dieser Stelle muss noch einmal betont werden, dass die implementierten Sicherheitsmechanismen des Funknetzstandards 802.11 keine ausreichende Absicherung gewährleisten. Dieser Punkt ist jedoch vor dem Hintergrund der Philosophie einer Hot-Spot-Infrastruktur zu beleuchten, die vorsieht, an den öffentlichen Access Points eine möglichst einfache und schnelle Anmeldung bereitzustellen. Die für Hot-Spots zugrunde liegenden Authentifizierungsmechanismen werden von ihren Betreibern in der Regel vornehmlich dazu verwendet, einen korrekten Abrechnungsvorgang abbilden zu können. Die strenge Benutzer-Authentifizierung kommt daher vornehmlich im Einsatzgebiet des C-WLAN zur Anwendung.

Pocket PC 2003 ist mit der Funktion *Zero Configuration* ausgestattet[122], das die Konfiguration von drahtlosen Funknetzwerken vereinfacht. Ist das WLAN-Modul eingeschaltet, wird jeder Hot-Spot automatisch erkannt (siehe Anhang 3). Wird daraufhin über einen Hot-Spot eine Verbindung aufgebaut, werden die Einstellungen gespeichert, um bei der nächsten Einwahl im Bereich des betreffenden drahtlosen Netzwerkes mit nur einer Bestätigung die Verbindung wieder aufnehmen zu können. Somit kann ohne größeren Aufwand von einem WLAN in ein anderes gewechselt werden. Diese Funktionalität kann sowohl in der Hot-Spot- als auch in der C-WLAN-Infrastruktur angewandt werden.

Um auch über die schwachen 802.11-Sicherheitsmechanismen eine effektive Absicherung des WLAN-Zugangs zu erreichen, bilden die folgenden Maßnahmen und Strategien zusätzliche Sicherheiten:

- Implementierung eines VPN zum Datenschutz im WLAN

- Schutz des WLAN-Datenverkehrs durch Verwendung von IPSec

- Absicherung des WLAN durch die 802.1x-Authentifizierung und Datenverschlüsselung[125]

Die wesentlichen Unterschiede zwischen den genannten Ansätzen sind in folgender Tabelle dargestellt:

---

[122] vgl. http://www.microsoft.com/downloads/details.aspx?FamilyID=111fe6d5-b0e1-4887-8070-be828e50faa9&displaylang=en

Feature	Statische WEP	VPN	IPSec	802.1x-WLAN
Strenge Authentifizierung	Nein	Ja, aber keine VPNs mit Authentifizierung mit gemeinsamem Schlüssel	Ja, falls mit Zertifikat-Authentifizierung	Ja
Strenge Datenverschlüsselung	Nein	Ja	Ja	Ja
Benutzerauthentifizierung	Nein	Ja	Ja	Ja
Zusätzliche Netzwerkgeräte erforderlich	Nein	VPN-Server, RADIUS-Server	Nein	RADIUS-Server
Sichert den Zugriff zum WLAN selbst	Ja	Nein	Nein	Ja

Tabelle 5: Vergleich von Ansätzen zur WLAN-Absicherung[123]

Die letztgenannte Strategie zur Absicherung des WLAN *802.1x* wird vom Betriebssystem Pocket PC 2003 unterstützt und erweitert die schwache WEP-Authentifizierung und -Verschlüsselung. Der Standard 802.1x verwendet EAP, das als allgemeines Protokoll zur Authentifizierung mittels Kennwörtern, digitalen Zertifikaten oder anderen Typen von Anmeldeinformationen basierte Authentifizierungsmethoden unterstützt. Die bereits „beschriebenen Probleme bei der WEP-Datenverschlüsselung können abgeschwächt werden, wenn die statische WEP eine Methode zur regelmäßigen automatischen Aktualisierung der Verschlüsselungsschlüssel enthält. Tools zur Entschlüsselung statischer WEP müssen zwischen einer und zehn Millionen mit dem gleichen Schlüssel verschlüsselte Pakete erfassen. Da statische WEP-Schlüssel häufig wochen- oder monatelang nicht geändert werden, können Angreifer diese Datenmenge in der Regel ohne Probleme erfassen. Weil alle Computer in einem WLAN den gleichen statischen Schlüssel verwenden, können Datenübertragungen von allen WLAN-Computern erfasst werden, um den Schlüssel zu ermitteln. Mit einer auf 802.1x basierten Lösung können die Verschlüsselungsschlüssel häufig geändert werden. Als Teil der sicheren Authentifizierung mit 802.1x erstellt die EAP-Methode einen für jeden Client einmaligen Verschlüsselungsschlüssel. (...) Dadurch können die WEP-Verschlüsselungsalgorithmen (...) sicherer verwendet werden."[124] Trotz der Weiterentwicklung des 802.11-Standards kann jedoch auch mit 802.1x nicht von der alles umfassenden Sicherheit gesprochen werden. Zu den Schwächen von 802.1x zählen beispielsweise, dass die EAP-Pakete zwischen dem WLAN-Client und dem Access Point keine Integritätskontrolle aufweisen, so dass Pakete leicht gefälscht werden können. Die neue komplette Sicherheitslösung *WPA* setzt zwar neue Standards mit einer stärkeren Verschlüsselung, verbessertem Schlüsselmanagement und sicherer Authentifikation,

[123] vgl. http://www.microsoft.com/germany/ms/security/guidance/modules/peap/int.mspx
[124] http://www.microsoft.com/germany/ms/security/guidance/modules/peap/int.mspx

kann jedoch hierbei nicht den gewünschten Beitrag leisten, da diese Erweiterung nicht von Pocket PC 2003 unterstützt wird.[125]

An dieser Stelle setzt die Strategie der VPN-Implementierung zum Schutz des WLAN-Datenverkehrs unter Verwendung von IPSec an. Ähnlich der GPRS-Lösungsvariante wird auch hier bei der Benutzer-Authentifizierung gegenüber dem Unternehmensnetz der Authentifizierungmechanismus RADIUS verwendet. Nach erfolgtem Verbindungs-aufbau über WLAN zum Internet, findet der schon erläuterte Vorgang der Authentifizierung statt. Ist der User anhand der Userdaten authentifiziert, wird dem PDA – gleich der GPRS-Variante – eine private IP-Adresse des Unternehmensnetzes zugeordnet. Findet beim WLAN das NAT-Verfahren Anwendung, um dem Remote Client eine offizielle IP-Adresse für das Ansprechen im Internet zuzuweisen, muss auch hier von dem L2TP/IPSec- auf den PPTP-VPN-Tunnel oder auf eine zusätzliche Softwarelösung, die NAT-T-fähig ist, ausgewichen werden.

7.2.2.2 Zugang über eine C-WLAN-Infrastruktur

Die C-WLAN-Infrastruktur sieht den Einsatz von Access Points vornehmlich in Firmengebäuden oder auf dem Firmengelände vor. Auch hier werden VPN-Tunnel verwendet, um den Datenverkehr zusätzlich abzusichern. Da sich die Access Points jedoch im Intranet befinden, muss vorab kein Internetzugang aufgebaut werden. Daher ist auch die Umsetzung privater in offizieller IP-Adressen mit NAT nicht notwendig, so dass der VPN-Tunnel mittels der bekannten Kombination aus L2TP und IPSec aufgebaut werden kann. Darüber hinaus sollte der Access Point so konfiguriert sein, dass er für seine Umgebung nicht sichtbar ist. Dies erfolgt anhand der Deaktivierung der SSID-Broadcast-Grundeinstellung.

Wie bereits dargestellt, verwendet der Standard 802.1x das Protokoll *EAP*, um damit verschiedene Verfahren der Nutzerauthentifizierung in bestehende Protokolle einzubetten. Von der Vielzahl der zum EAP zugehörigen Methoden, werden von Pocket PC 2003 die folgenden Verfahren unterstützt[126]:

- PEAP: EAP im geschützten Tunnelmodus
- EAP-TLS: starke kryptografische Authentifizierung

EAP-TLS stellt derzeit für den PDA mit Pocket PC 2003 die sichere Authentifizierungsvariante dar. Der starke Mechanismus gilt sowohl für den Client als auch für den Anmeldeserver. Beide Komponenten zeigen sich kryptografische Zertifikate vor um ihre Identität zu beglaubigen. Voraussetzung für EAP-TLS ist dabei eine PKI und eine CA, um die Authentizität der verwendeten Zertifikate garantieren zu können. Die lo-

---

[125] vgl. http://www.microsoft.com/germany/ms/security/guidance/modules/peap/c.mspx
[126] vgl. http://www.microsoft.com/germany/ms/security/guidance/modules/peap/6.mspx

gische Abfolge einer EAP-TLS-Authentifizierung zwischen dem Remote-Client, dem Access Point als Vermittler und dem RADIUS-Server wird im Anhang 2 verdeutlicht. Die einzelnen Phasen des C-WLAN-Verbindungsaufbaus stellt die folgende Abbildung dar:

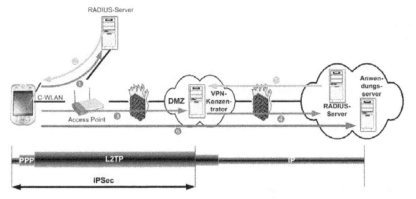

Abbildung 36: Verbindungsaufbau über C-WLAN

Die Authentifizierung am ersten RADIUS-Server erfolgt über das Verfahren EAP-TLS (im Detail siehe Anhang 2) und wird in der Abbildung 36 mit den ersten beiden Schritten beschrieben. Nach erfolgreicher Authentifizierung baut der PDA eine PPP-Verbindung zum VPN-Konzentrator auf (Punkt 3). Alle weiteren Schritte verhalten sich adäquat zum GPRS-Authentifizierungsverfahren (Abbildung 34) und versetzen den PDA in die Lage, einen Ende-zu-Ende-IPSec-Tunnel über das Funk-LAN bis zum VPN-Konzentrator aufzubauen und damit Zugang zum jeweiligen Anwendungsserver zu erhalten.

7.2.3   Fazit

Die beiden WLAN-Einsatzgebiete unterscheiden sich vorrangig in ihrer Gewichtung der Authentifizierung. Bei einer Remote Access-Verbindung zum Unternehmensnetz über die in der Regel leicht zugänglichen Hot-Spots sollte der Datenverkehr mit zusätzlichen Sicherheitsmechanismen wie beispielsweise VPN und IPSec abgesichert werden. Auch wenn dadurch keine hundertprozentige Sicherheit erzielt werden kann, so ist doch das Aushebeln einer derart geschützten Verbindung – wenn überhaupt – nur mit erheblichem Aufwand realisierbar. Geradezu unmöglich wird dies mit den neuen Verfahren, deren Schlüssel sich temporär von einem Datenpaket zum anderen innerhalb kürzester Zeit ändern. Ein Angreifer wird damit aufgrund des periodischen Wechsels kaum eine Chance haben, den Schlüssel zu berechnen.

Das C-WLAN ist darüber hinaus durch die erste RADIUS-Anmeldung in sich selber geschützt und kann – bei richtiger Konfiguration der Komponenten – die Sicherheit des Funknetzes im Unternehmen mit doppeltem Authentifizierungssystem gewährleisten.

8 Implementierung einer PDA-Remote-Access-Lösung

Für die Einführung von Remote Access mittels PDA in die bestehende IT-Infrastruktur eines Unternehmens sind eine Vielzahl von Prämissen und Sicherheitskriterien zu beachten sowie Analysen und Konzeptionen anzufertigen.

In dem vorliegenden Kapitel wird das Gesamtprojekt zur Implementierung einer solchen Lösung vor dem Hintergrund des folgenden Phasenplanes betrachtet und anhand eines konkreten Fallbeispieles[127] umgesetzt:

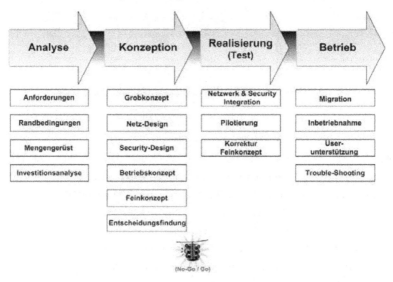

Abbildung 37: Projektphasen bei Implementierung von PDA-Remote-Access[128]

Die Abbildung 37 veranschaulicht die vier Phasen zur Einführung einer Remote-Access-Lösung und stellt dar, dass nach Ablauf der Analyse- und Konzeptionsphase zunächst die Entscheidungsfindung ansteht. Sind alle wichtigen Punkte zu den Anforderungen, Kosten und zur einsetzbaren Technik geklärt, muss vorab der Realisierung die Entscheidung zum *Go* oder *No-Go* getroffen werden. Wird das Projekt umgesetzt, folgt auf die Realisierungsphase mit erforderlichen Tests der Wirkbetrieb.

Im Fallbeispiel soll es um ein Maschinenbauunternehmen gehen, bei dem die derzeitigen Arbeits- und Kommunikationsprozesse zwischen dem Außendienst und der Zentrale ineffizient sind. Die Servicetechniker sollen dazu über eine mobile Remote Access-Lösung mittels PDA jederzeit alle servicerelevanten Daten zur Verfügung haben.

---

[127] Für das Fallbeispiel wurden Einzelheiten von zwei konkreten Referenzlösungen der Firma Microsoft herangezogen. Details sind der Quellenangabe zu entnehmen.
[128] Böhmer, Wolfgang (2002), S. 337

8.1 Analyse

Die erste Phase des Projektes bildet die Grundlage und wird im Folgenden in den Bereichen *Anforderungen*, *Randbedingungen*, *Mengengerüst* und *Investitionsanalyse* vertieft.

8.1.1 Anforderungen

Bei der Implementierung der PDA-Remote-Access-Lösung in die bestehende IT-Infrastruktur des Unternehmens steht zunächst die Dokumentation aller gestellten Anforderungen im Lastenheft an. Dies sind im Einzelnen:

- Zugang nur für Befugte (Servicetechniker)
- Vertrauliche Datenübertragung
- Datenintegrität
- Flexible Nutzung mobiler Netzzugänge (GPRS)
- Ständige Verfügbarkeit
- Effiziente Implementierung in vorhandene IT-Infrastruktur
- Zugriff auf alle servicerelevanten Daten, Exchange und PIM-Funktionen

Die Servicetechniker sollen unterwegs über Mobilfunk ihre Auftragsdaten erhalten und insgesamt bei Administrations- und Dokumentationsaufgaben zeitlich entlastet werden.

8.1.2 Randbedingungen und Mengengerüst

In den *Randbedingungen* geht es im Wesentlichen um die Definition konkreter Datenflüsse und Datendurchsatzraten. Da in der Praxis meist die Anwendungen das Design der Netzwerkinfrastruktur bestimmen, sind hier Aussagen zu der Größe und Häufigkeit der zu übertragenden Daten erforderlich. Nicht zuletzt können daraus resultierend die einzusetzenden Übertragungsmedien definiert werden.

Im konkreten Fallbeispiel ist für die Servicetechniker kein Zugriff auf große Datenpakete wie beispielsweise Graphiken und Pläne erforderlich. Die Datenflüsse laufen zwischen dem PDA über verbundene Netzplattformen (Mobilfunk, Internet, Intranet) hin zu den relevanten Datenbank- und Exchangeservern. Die Angaben zu der Häufigkeit der Datenübertragung wird durch die Anzahl der täglichen Serviceaufträge bestimmt und liegt in der Regel im Bereich von 1 – 5 Einsätzen pro Tag und Mitarbeiter.

Das *Mengengerüst* gibt Aufschluss über die einzubindende Anzahl der User und die erforderliche Hardware. Da in dem Maschinenbauunternehmen mehr als 4000 Servicetechniker in mehr als 100 Ländern beschäftigt sind, soll zunächst ein Pilotprojekt mit 50

Mitarbeitern einer Niederlassung umgesetzt werden. Für den Remote Access sind 2 Mailserver und 2 Kundendatenbankserver zu implementieren.

Alle Mengenangaben zusammen machen diesen Teilbereich der Analysephase zu einem wichtigen Bestandteil, da dieser schon zu einem frühen Zeitpunkt des Projektablaufes (Evaluierungsphase) Informationen zu der Komplexität und dem Umfang des Projektes bereitstellt.

8.1.3 Investitionsanalyse

Bei der Investitionsanalyse geht es im Wesentlichen um die betriebswirtschaftliche Beurteilung einer Investition. Dabei werden die Instrumente eines Business Case herangezogen, um Annahmen über Projektkosten und die mit der Umsetzung erzielten Erträge zu treffen.

Im konkreten Fall soll mit der PDA-Remote-Access-Anbindung eine wirtschaftliche Lösung erreicht werden, um damit weitere Kostensenkungs- und Umsatzsteigerungspotentiale auszunutzen. Dazu werden folgende betriebswirtschaftliche Zielpunkte festgelegt:

- Kosteneinsparung durch Integration in die bereits bestehende IT-Infrastruktur
- Verursachergerechte und kalkulierbare Kostenzuordnung
- Real-Time-Zugang zu aktuellen Unternehmensinformationen soll die Effektivität und Produktivität der Mitarbeiter steigern (weniger Leerlauf, produktiv genutzte Wartezeiten)
- Kostenreduzierung durch geringere Prozess- und Personalkosten

Eine Analyse der Arbeitsabläufe im Serviceaußendienst hat gezeigt, dass aufgrund von Medienbrüchen (paralleler Einsatz mehrerer Kommunikationsmittel) die Produktivität spürbar beeinträchtigt wird. Das Ausfüllen von Papierformularen, notwendige Kommunikationsumwege über den Innendienst und letzten Endes ein hoher Zeitaufwand für die Leistungserfassung zeigen die Defizite bei der Effizienz einiger Abläufe auf. Da durch den Wegfall der Formularbearbeitung und der schnelleren Leistungserfassung die Servicetechniker hochgerechnet etwa fünf Prozent ihrer Arbeitszeit einsparen und damit eine Effizienzsteigerung erzielen, trägt dieser Punkt – wie die folgenden anderen auch – zur Verkürzung der Amortisationszeit des Gesamtprojektes bei:

- Einsatz des .NET-Frameworks ermöglicht die weniger aufwendige Modifikation der vorhandenen SAP-Software im Unternehmen
- Durch die Festlegung auf eine durchgängige Microsoft-Infrastruktur werden die unterschiedlichen Serversysteme des Backends flexibel integrierbar

- Entlastung des Innendienstes durch direkten Zugang des Servicetechnikers auf erforderliche Informationen
- Wegfall teurer Ferngespräche über Mobilfunk

Die folgende Tabelle zeigt die Kosten des Projektes bei einer Laufzeit von 12 Monaten (Betrieb + Wartung):

Investitionen	Menge	Kosten/Einheit	Gesamt
PDA (incl. GPRS-Zugang)	50	500,00 €	25.000,00 €
Lizenzen	50	40,00 €	2.000,00 €
Projekt-Overhead (in Stunden)	100	85,00 €	8.500,00 €
Programmieraufwand an bestehenden Applikationen (in Stunden)	130	75,00 €	9.750,00 €
Schulung der User (3 Stunden/Mitarbeiter)	150	75,00 €	11.250,00 €
Administration (0,5 Stunden/PDA)	25	70,00 €	1.750,00 €
Betrieb + Wartung (monatlich 20 Stunden)	240	70,00 €	16.800,00 €
			75.050,00 €

Tabelle 6: Kosten bei Implementierung der PDA-Remote-Access-Lösung

Wird nun beispielsweise die tägliche Einsparung der Arbeitszeit von fünf Prozent hochgerechnet, ergibt dies in dem gleichen Zeitraum von 12 Monaten den Kostensenkungsbeitrag von:

Kosten des Servicetechnikers/Tag:	150,00 Euro
5 %-Einsparung der Arbeitszeit/Tag:	7,50 Euro
- bei 50 Servicetechnikern/Tag:	375,00 Euro
Insgesamt bei 200 Arbeitstagen/Jahr:	75.000,00 Euro

Die pauschale Vergleichsrechnung zeigt auf, dass die Amortisationszeit des Projektes um die 12 Monate beträgt. Dabei sind jedoch nicht alle Faktoren, die Kostentreiber und Einsparungen darstellen (beispielsweise Gebühren für die GPRS-Datenübertragung, Wegfall von Ferngesprächen) in die Berechnung mit eingeflossen. Hier alle Details abzubilden, würde den Rahmen sprengen, deshalb an dieser Stelle nur die wesentlichen Kenngrößen.

Die detaillierte Investitionsanalyse stellt eine sichere Entscheidungsgrundlage mit wichtigem Investitionsschutz und einem möglichst schnellen *Return on Invest* bereit.

8.2 Konzeption

Die Konzeptionsphase baut auf die Analyse-Phase auf, strukturiert die gesammelten Informationen in unterschiedlichen Teilkonzepten sowie Arbeitsschritten und stellt damit die Basis für das Pflichtenheft bereit.

8.2.1 Grobkonzept

Das Grobkonzept zeigt zunächst den *Ist-Zustand* der IT-Infrastruktur und Informationsflüsse auf. Im konkreten Fallbeispiel zählen beim Maschinenbauunternehmen die folgenden Komponenten zur vorhandenen Infrastruktur:

- 5 PC-Arbeitsplätze der Innendienstmitarbeiter

- jeweils 2 Mail- und Kundendatenbankserver

- Pool von 25 PC-Arbeitsplätzen für die Außendienstmitarbeiter

- Alle Servicetechniker verfügen über ein Mailaccount und Handy (unterstützte Funktionen: Bluetooth und GPRS)

- Eine DMZ ist für VPN-Extranet-Zugänge von Zulieferfirmen vorhanden

Für den Informationsfluss zwischen dem Servicetechniker vor Ort und dem Innendienst sind E-Mail, Handy und Papierformulare erforderlich. Die einzelnen Aufträge werden am Vortag per E-Mail von den 5 PC-Arbeitsplätzen der Innendienstmitarbeiter den Servicetechnikern zugeteilt. Jeder Außendienstmitarbeiter findet sich zunächst im Pool der Niederlassung ein und druckt die zugewiesenen Aufträge aus. Durch den Schichtbetrieb ist sichergestellt, dass jedem Servicetechniker ein freier PC-Arbeitsplatz im Pool zur Verfügung steht. Stehen dringende Wartungsaufträge an, werden diese tagsüber vom Innendienst telefonisch an den Außendienstmitarbeiter übermittelt. Dieser hat anschließend noch per Hand ein Arbeitsauftragsformular auszufüllen, dass – nach Mitzeichnung des Kunden – am Ende des Arbeitstages dem Innendienst zur Dokumentation und Archivierung ausgehändigt wird.

Durch die bereits angeführten Medienbrüche, Schnittstellen und parallelen Einsätze mehrerer Kommunikationsmittel sind die Schwachstellen des gegenwärtigen Verfahrens und den daraus resultierenden Anforderungen an das zukünftige System anschließend im Soll-Konzept festzuhalten.

Jeder Servicetechniker wird mit einem PDA ausgestattet und erhält die Aufträge und dringenden Wartungsanweisungen über eine GRPS-Datenübertragung. Sind wichtige Informationen für den Außendienstmitarbeiter erforderlich, kann er diese zentral über Remote Access von den internen Servern abrufen. Dadurch, dass der Innendienst hier entlastet wird, soll dieser die Servicetechniker bei notwendigen Dokumentationsaufgaben unterstützen. Dazu zählt beispielsweise die Erlöswirkung, bei der durch eine schnelle Erfassung des Außendienstmitarbeiters die erlöswirksamen Daten über das mobile Endgerät an den Innendienst übertragen werden. Die Arbeitsaufträge in Papierform werden durch Einführung des PDAs ersetzt und müssen damit auch nicht mehr vom jeweiligen Servicetechniker ausgedruckt werden.

8.2.2 Netz-Design

Im Netz-Design werden die Verkehrsflüsse festgelegt, das vorhandene Netzwerk analysiert und daraufhin optimal geplant. Die Abbildung 38 zeigt dafür den Ist-Zustand des Netzwerkes und der Verkehrsflüsse. Die roten Pfeile deuten auf die Verkehrsrouten des Soll-Zustandes hin:

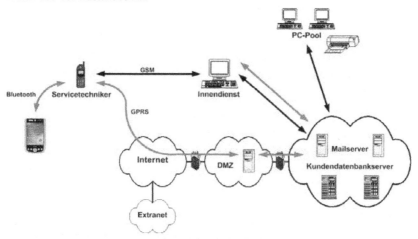

Abbildung 38: Projekt-Netz-Design mit Ist- und Sollzustand

Wie im Mengengerüst der ersten Phase festgelegt, wird das Pilotprojekt in die vorhandene IT-Infrastruktur implementiert. Dabei werden die Mail- und Kundendatenbankserver sowie der VPN-Konzentrator in der DMZ in das Gesamtkonstrukt des Soll-Zustandes übernommen. Da alle Servicetechniker bereits mit Bluetooth- und GPRS-fähigen Handys ausgestattet sind, werden für das Pilotprojekt PDAs mit integrierter Bluetooth-Schnittstelle verwendet. Das Handy fungiert als Modem und baut über GPRS eine Verbindung zum Internet über einen ISP auf. Die weitere Datenübertragung läuft über den vorhandenen VPN-Konzentrator, der direkten Zugriff auf die erforderlichen Server hat.

Das geplante Netz-Design stellt sicher, dass die Servicetechniker mit dem PDA auf E-Mails sowie die Arbeits- und Wartungsaufträge zugreifen können. Darüber hinaus ist berücksichtigt, dass die Servicemitarbeiter mit dem Innendienst über die Datenverbindung kommunizieren kann.

8.2.3 Security-Design

Das Security-Design setzt auf dem Netz-Design auf und betrachtet die Verkehrsflüsse vor dem Hintergrund der erforderlichen Sicherheitsarchitektur. Das unter 8.2.2 geplante Netzwerk bedarf hierbei einiger Sicherheitsmechanismen, da Daten über ein öffentliches Netz gesendet werden. Folgende Verfahren sind dabei einzusetzen:

- VPN-Tunnel im Ende-zu-Ende-Modell, der vom PDA bis zum VPN-Konzentrator aufgebaut wird

- Verwendung der Tunneling-Protokolle L2TP und IPSec

- Benutzer-Authentifizierung mittels CHAP (Kennwortanmeldung)

Da die PDAs mit privaten IP-Adressen versehen sind, ist die Übersetzung in öffentliche IP-Adressen mittels NAT unumgänglich. Dafür wird auf dem PDA die Third-Party-Software *HOBLink VPN*[129] installiert.

Alternativ wäre auch SSL für eine sichere Datenübertragung einsetzbar, da jedoch auf mehrere Anwendungen (Exchange- und Datenbankserver) zugegriffen wird, müssten zunächst entsprechende Web-Schnittstellen programmiert und eingebunden werden. Die L2TP/IPSec-Lösung mit der Third-Party-Software zur Absicherung auf Netzebene stellt hierbei die kostengünstigere und einfacher zu implementierende Alternative dar.

8.2.4 Betriebskonzept

Die wichtigsten Bestandteile des Betriebskonzeptes sind das *Betriebshandbuch*, Aussagen zur *Administrierung* und ein *Notfallkonzept*.

Mit dem IT-Bereich des Maschinenbauunternehmens ist vereinbart und im Betriebshandbuch dokumentiert worden, dass dieser für den reibungslosen Betrieb verantwortlich ist. Zu den konkreten Aufgaben zählen die tägliche Datensicherung und die Systemüberwachung. Eine Verfügbarkeit der Dienste von 99,5 % soll gewährleistet werden und Optimierungen am Gesamtsystem mit den Anwendern in Form einer Changeanmeldung abgesprochen werden. Die Netzwerk- und PDA-Administration wird ebenfalls vom IT-Bereich vorgenommen. Für Notfälle steht ein zentraler Helpdesk rund um die Uhr zur Verfügung. Er stellt das Eingangstor für Fragen und Probleme dar und übernimmt die Koordinierung bei Problemfällen, so dass die maximale Wiederherstellungszeit von 4 Stunden eingehalten wird.

---

[129] http://www.hob.de/produkte/security/vpn.htm

8.2.5 Feinkonzept

Das Feinkonzept setzt auf die Bestandteile des Grobkonzeptes auf und betrachtet diese vor dem Hintergrund des zeitlichen Ablaufs. Im Fallbeispiel soll die Bestellanforderung der PDAs parallel zu Programmierungen an den Anwendungen vorgenommen werden. Sind die Pocket PCs vorhanden, werden diese vom IT-Bereich mit der Third-Party-Software ausgestattet und für die VPN-Verbindungen konfiguriert. Anschließend werden die Servicetechniker in Schulungen mit der Bedienung der PDAs vertraut gemacht und auf die Benutzer-Authentifizierung mittels Kennwort (CHAP) hingewiesen.

Konkrete Liefer- und Leistungsbedingungen werden im Feinkonzept nicht mit aufgenommen, da alle Anforderungen vom unternehmenseigenen IT-Bereich umgesetzt werden. Auch die Anwendung von Migrations-Tools ist im Pilotprojekt nicht erforderlich, da keine Zusammenlegung von Speichersystemen und Datenbanken anstehen.

8.2.6 Entscheidungsfindung

Mittels aller dokumentierten Arbeitsschritte der Analyse- und Konzeptionsphase liegen die zu einer Entscheidungsfindung erforderlichen Komponenten vor. Das Entscheidungsgremium prüft anhand des festgelegten Budgets die Investitionsanalyse und gibt das *Go* zur anschließenden Realisierung und Inbetriebnahme des Pilotprojektes.

8.3 Realisierung

Im Gegensatz zur Analyse und Konzeption sind die Phasen *Realisierung* und der sich anschließende *Betrieb* weitestgehend durch praktische Aktivitäten charakterisiert. Beide Phasen werden an dieser Stelle nur ansatzweise ausgeführt, da der Schwerpunkt für das Pilotprojekt bewusst auf die ersten beiden Phasen gelegt wurde.

Die Realisierung besteht aus den folgenden drei Hauptarbeitsschritten:

8.3.1 Netzwerk & Security Integration

Da bereits eine Extranet-Anbindung für Zulieferfirmen besteht, ist der Aufbau neuer VPN-Komponenten nicht erforderlich. Notwendige Konfigurationen am VPN-Konzentrator, der äußeren und inneren Firewall und an den Schnittstellen zu Exchange- und Datenbankserver sind umzusetzen. Dazu zählen insbesondere die erforderlichen Absicherungsmechanismen wie beispielsweise die Konfiguration des VPN-Konzentrators und der PDAs für den L2TP-Tunnel.

8.3.2 Pilotierung

Die Pilotierung bildet den Schwerpunkt in der Realisierung und beginnt mit dem Aufbau eines Testnetzes. Es folgt die Durchführung von Testszenarien unter Beachtung und eventueller Anpassung des Betriebshandbuches. Getestet wird unter anderem die Benutzerauthentifizierung mittels CHAP, bei der automatisch eine Sperrung des Zugangs bei dreimaliger falscher Eingabe des Kennwortes aktiviert werden soll. Die Aufhebung der Sperre kann – wie im Prozess festgelegt – nur telefonisch über den Helpdesk mit anschließender Faxbestätigung inklusive Unterschrift des Anwenders erfolgen.

8.3.3 Korrektur Feinkonzept

Die Pilotierung hat ergeben, dass nur alphanumerische, mit entsprechender Länge generierte Passwörter die geforderte sichere Benutzer-Authentifizierung sicherstellen kann. Daraufhin wird der IT-Bereich angewiesen, bei zentraler Konfiguration der Third-Party-Software die Mindestlänge der möglichen Passwörter (für CHAP-Anmeldung) auf 12 Zeichen einzustellen. Darüber hinaus soll aus sicherheitstechnischen Gründen die Software so eingerichtet werden, dass nach erfolgtem Internetzugang und VPN-Tunnelaufbau alle anderen Ports geschlossen und damit nur Transaktionen innerhalb des aufgebauten VPN-Tunnels ausführbar sind.

8.4 Betrieb

Aufbauend auf die Konzeption und Realisierung wird in der vierten Phase der operative Betrieb aufgenommen.

8.4.1 Migration und Inbetriebnahme

Unter Migration ist im Fallbeispiel die komplette Neuorientierung und Umstellung der Verkehrsflüsse zu verstehen. Die Service- und Wartungsaufträge sollen nicht mehr manuell vom Innendienst per E-Mail an die Außendienstmitarbeiter gesendet werden, sondern von diesen zentral über den Remote Access abgerufen werden. In dem Arbeitsschritt der Inbetriebnahme werden die Geschäftsabläufe angepasst und Schulungen zunächst den Administratoren und darauf folgend den Anwendern angeboten. Die Ausfallzeiten beschränken sich im Wirkbetrieb auf die vorher fest vereinbarten Wartungsfenster.

8.4.2 Userunterstützung und Trouble-Shooting

Die User werden durch die Einrichtung eines Helpdesks unterstützt, der im Bedarfsfall ein Problemticket eröffnet und an den IT-Bereich zur Klärung weiterleitet. Der Helpdesk stellt dabei den First-Level-Support zwischen den Produktivsystemen und Anwendern sicher. Das Trouble-Shooting ist organisiert in den First-, Second- und Third-Level-Support, wobei der Second-Level-Support durch die IT-Abteilung und der Third-Level-Support von den Herstellern der fremdbezogenen Hard- und Software wahrgenommen werden.

9 Zusammenfassung und Ausblick

In der vorliegenden Diplomarbeit wurden die Möglichkeiten eines sicheren Zugangs zu Unternehmensnetzen mit dem PDA auf Basis von Pocket PC 2003 präsentiert.

Die Vorteile der mobilen Kommunikation mittels PDA zum unternehmenseigenen Netz liegen auf der Hand. Als einträglich erweisen sich dabei insbesondere die Ergebnisse: Keine Medienbrüche, Produktivitätssteigerung, schnelle Integration in die vorhandene IT-Infrastruktur, durch VPNs gesicherte Datenübertragung und die Mobilisierung wichtiger Unternehmensressourcen.

Ein weiterer Vorteil liegt in der Produktausrichtung der PDAs: Im Gegensatz zum Blackberry-System, in dessen Fokus generell nur das Mailing steht, kann der Remote Access mittels PDA auf heterogenen Applikationen erfolgen. Die Zukunftssicherheit liegt dabei in der Idee, dass öffentliche Internet als weit verbreitete und kostengünstige Plattform zu nutzen. Ein VPN mit Internet-Technologie ist im allgemeinen bedeutend günstiger im Aufbau und Betrieb, da nur ein Teil der verfügbaren Netzwerkinfrastruktur finanziert werden muss. Dazu garantieren sichere Verschlüsselungsmechanismen und eine starke Authentisierung höchste Vertraulichkeit und Integrität der Daten.

Welche Übertragungs- und Absicherungstechnologien dagegen konkret Anwendung finden, ist von dem einzelnen Unternehmen, der Anzahl und Konstitution der Anwendungen und von der Gewichtung der Security-Policy abhängig. Liegt beispielsweise ein fest umrissenes Anforderungsprofil für die mobile Datenübertragung vor, kann eine Entscheidung zum Einsatz von PPTP, IPSec oder SSL getroffen werden.

Trotz aller Maßnahmen zur sicheren Verwendung des PDAs bleiben reale Restrisiken bestehen. Als Hauptproblem wird dabei der Zugang zum Gerät und den darauf befindlichen sensiblen Daten gesehen. Grundsätzlich sollte daher der Zugangsschutz mittels User-Management gewährleistet sein. Dazu zählen insbesondere sichere Passwörter für die gerätebezogene Authentifikation. Da Pocket PC 2003 nur Schnittstellen zur Verschlüsselung bereitstellt, wird zum Erzielen der Datensicherheit die Verwendung einer Drittsoftware empfohlen.

Als ein weiteres Restrisiko gelten beim Netzzugang mögliche Angriffe aus dem Internet. Ist ein VPN-Tunnel aufgebaut, sollten alle parallel möglichen Verbindungen zum Internet gesperrt und Transaktionen nur innerhalb des Tunnels zugelassen sein. Auch hier wird empfohlen, vor dem geplanten Roll-Out der PDAs im Unternehmen eine Zusatzsoftware zur Abschottung mit Firewallfunktionalitäten einzusetzen. Integraler Bestandteil des Produktes sollte dabei auch ein Anti-Viren-Programm sein.

Für die Implementierung der VPN-Technologie sind die nativen Funktionen von Pocket PC 2003 gut anwendbar. Dieser Punkt ist dabei auch vor dem Hintergrund der *Total Cost of Ownership* zu betrachten, da jede zusätzliche Software auch gleichzeitig die zu erwartenden Gesamtkosten erhöht. IPSec erfordert hierbei jedoch aufgrund des NAT-Verfahrens derzeit noch die Installation einer Third-Party-Software, da von Microsoft aktuell kein Update für Pocket PC 2003 vorliegt.

Zweifellos wird der Markt für Remote Access in Zukunft ein weiteres Wachstum verzeichnen. Um Netzwerk-Kosten zu verringern und die Sicherheit in verteilten Netzwerken zu erhöhen, werden weitere Investitionen in VPN- und Sicherheitstechnologien getätigt. Hierbei nimmt die SSL VPN-Technologie einen immer größeren Stellenwert ein, da sie eine hohe Flexibilität beim Zugriff auf Applikationen aufweist und viele der einzelnen Anwendungen bereits über integrierte Web-Schnittstellen verfügen.

Auch im Bereich der PDAs nimmt die Schnelligkeit und Funktionsvielfalt weiter zu. Um beim Ausbau der Multimedia-Netze GPRS, UMTS und W-LAN mithalten zu können, werden die Pocket PCs werkseitig mit entsprechenden Interfaces ausgestattet. Als Beispiel sei an dieser Stelle der von T-Mobile angekündigte MDA IV genannt, der voraussichtlich im Sommer 2005 am Markt positioniert wird. Dieser mit Mobilfunk ausgerüstete PDA wird weltweit als erstes alle drei Mobilfunktechnologien GPRS, UMTS und W-LAN unterstützen und damit dem gesteigerten Informations- und Kommunikationsbedürfnis entsprechen.

Anhangverzeichnis

Anhang 1: Einsatzgebiete von WLANs

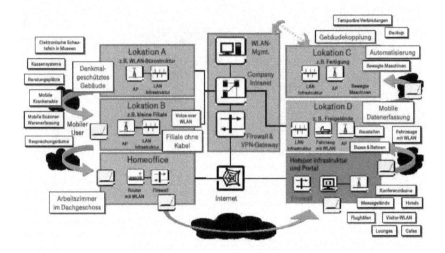

Abbildung 39: Einsatzgebiete von WLANs[130]

Anhang 2: Logische Abfolge einer EAP-Authentifizierung

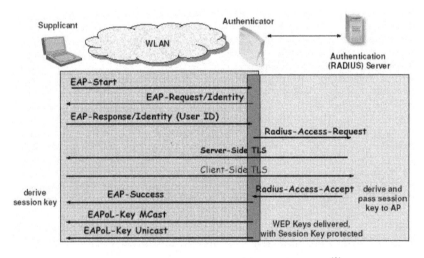

Abbildung 40: Logische Abfolge einer EAP-Authentifizierung[131]

[130] http://www.akinfo.de/image/WLANvsUMTS-VortragAKI-2004-01_T-Systems.pdf
[131] http://www.enterasys.com/de/products/whitepapers/eap_artikel_revised_de_rev2.pdf

Anhang 3: Konfigurationsfreies WLAN mit Zero Configuration

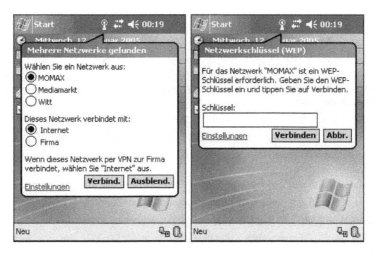

Abbildung 41: WLAN Zero Configuration[132]

[132] http://www.microsoft.com/germany/windowsmobile/ppc2003_tour_wifi.mspx

Quellenverzeichnis

a) Monographien

Böhmer, Wolfgang (2002), VPN, München 2002

Eckert, Claudia (2004), IT-Sicherheit, 3. Auflage, München 2004

Frank, Martin / Hoffmann, Mark (2002), Mobile und Secure Remote Access-Lösungen für Unternehmen mittels VPN-Technologie unter Berücksichtigung betriebswirtschaftlicher Aspekte, Jena 2002, Seminararbeit

Gievers, Rainer (2003), Das Praxishandbuch Pocket PC 2003, Borgentreich 2003

Grieser, Franz (2004), Das PocketPC 2003 Buch, München 2004

Hein, Mathias / Reisner, Michael (2002), Routing- & Remote Access Technologien, Poing 2002

Lienemann, Gerhard / Dördelmann, Frauke (2003), Intranets, Hannover 2003

Lipinski, Klaus (2002), Lexikon der Datenkommunikation, Bonn 2002

Lipp, Manfred (2001), Virtuelle Private Netzwerke, München 2001

Melnick, David / Dinman, Mark / Muratov, Alexander (2003), PDA Security, New York 2003

Microsoft (1999), Virtuelle private Netzwerke (VPN): Eine Übersicht, Redmond 1999, Whitepaper

T-Mobile (2003), Handbuch für T-Mobile MDA II, Bonn 2003

Technische Universität Berlin (2003), Mobiler Zugang zu gesicherten Netzen, Berlin 2003, Projektbericht

Vesper, Christian (1999), Intranet – Chancen, Risiken und Anwendungsbereiche, Gelsenkirchen 1999, Hausarbeit

b) Internetquellen

1.) Adam Riesig (2004), PDA-Betriebssysteme: Marktanteile im Q1/2004, http://www.adam-riesig.de/parser.php?pageid=86&newsid=5727, Stand: 09.12.2004

2.) AVM (2004), Der ISDN Access Point für Bluetooth http://www.avm.de/de/index.php3?Produkte/BlueFRITZ/Blue_FRITZ_AP_ISDN, Stand: 03.12.2004

3.) Bundesamt für Sicherheit in der Informationstechnik (2003), Bluetooth Gefährdungen und Sicherheitsmaßnahmen http://www.bsi.de/literat/doc/bluetooth/bluetooth.pdf, Stand: 10.2004

4.) Bundesamt für Sicherheit in der Informationstechnik (2003), Drahtlose lokale Kommunikationssysteme und ihre Sicherheitsaspekte http://www.bsi.de/literat/doc/drahtloskom/drahtloskom.pdf, Stand: 10.2004

5.) Bundesamt für Sicherheit in der Informationstechnik (2003), GSM-Mobilfunk Gefährdungen und Sicherheitsmaßnahmen http://www.bsi.bund.de/literat/doc/gsm/gsm.pdf, Stand: 10.2004

6.) Casio (2004), Cassiopeia EG-800, http://www.casio-europe.com/de/mde/eg800/, Stand: 08.12.2004

7.) Computeruniverse (2004), Kaufberatung PDA und Organizer,
http://www2.computeruniverse.net/tips/pda.asp, Stand: 09.12.2004

8.) Dell (2004), Dell AximTM X50 416 MHz,
http://www1.euro.dell.com/content/products/features.aspx/featured_handheld_2?c
=de&cs=dedhs1&l=de&s=dhs, Stand: 08.12.2004

9.) different-thinking (2004), IPSec und NAT,
http://www.different-thinking.de/ipsec_nat_traversal.php, Stand: 27.01.2005

10.) Elaborated Networks GmbH (2004), VPN Grundlagen,
http://www.rent-a-vpn.de/index.asp?showdoc=25, Stand: 21.12.2004

11.) Elektronik-Kompendium (2004), IPSec - Security Architecture for IP,
http://www.elektronik-kompendium.de/sites/net/0906191.htm, Stand: 09.01.2005

12.) Elektronik-Kompendium (2004), L2TP - Layer-2-Tunneling-Protocol,
http://www.elektronik-kompendium.de/sites/net/0906131.htm, Stand: 08.01.2005

13.) Enterasys (2004), Extensible Authentication Protocol, http://www.enterasys.com/
de/products/whitepapers/eap_artikel_revised_de_rev2.pdf, Stand: 30.01.2005

14.) Funkschau (2004), Bluetooth,
http://www.funkschau.de/glossar/bluetooth-neu.htm, Stand: 05.12.2004

15.) GSM World (2004), GSM World from the GSM Association,
http://www.gsmworld.com/index.shtml, Stand: 06.12.2004

16.) Handys-Mobile (2004), Netz, http://www.handys-mobile.de/lexikon/netz.html,
Stand: 14.12.2004

17.) HOB GmbH & Co KG (2004), HOBLink VPN 1.6,
http://www.hob.de/produkte/security/vpn.htm, Stand: 05.02.2005

18.) Humboldt-Universität Berlin (2004), Rechnerkommunikation in IP-Netzen
http://www.informatik.hu-berlin.de/~hilse/dateien/vpn.ppt, Stand: 25.12.2004

19.) HP (2004), HP iPAQ Pocket-PC h2210 – Übersicht,
http://h10010.www1.hp.com/wwpc/de/de/ho/WF05a/21259-21265-21265-21265-
21265-1180789.html, Stand: 08.12.2004

20.) Informationsarchiv (2004), Wireless LAN - Grundlagen und Informationen,
http://www.informationsarchiv.net/statisch/wlan/geschichte.html,
Stand: 05.12.2004

21.) Informationszentrum Mobilfunk (2004), Was verbirgt sich hinter dem Mobilfunk
standard GPRS?, http://www.izmf.de/html/de/37059.html - subhd2,
Stand: 06.12.2004

22.) Informationszentrum Mobilfunk (2004), Was versteht man unter dem neuen Mobil-
funkstandard UMTS?, http://www.izmf.de/html/de/274.html, Stand: 07.12.2004

23.) Informationszentrum Mobilfunk (2004), Wie funktioniert der GSM-Mobilfunkstan-
dard?, http://www.izmf.de/html/de/37054.html, Stand: 06.12.2004

24.) Institut für Internet-Technologien und –Anwendungen, Symmetrische und
Asymmetrische Verschlüsselung, http://www.ita.hsr.ch/studienarbeiten/arbeiten/
WS98/SecurityTutorial/verschluesselung.html, Stand: 20.12.2004

25.) Internet Engineering Task Force (1980), User Datagram Protocol, http://www.ietf.org/rfc/rfc0768.txt?number=768, Stand: 16.12.2004

26.) Light Weight Digital Rights Management (2004), Digitale Zertifikate nach X.509, http://www.lwdrm.com/ger/cert.html, Stand: 20.12.2004

27.) Microsoft (2003), Comparison of Windows CE .NET 4.2, Pocket PC 2002, and Windows Mobile 2003 Software for Pocket PCs, http://www.microsoft.com/ downloads/details.aspx?FamilyID=111fe6d5-b0e1-4887-8070-be828e50faa9& displaylang=en, Stand: 19.01.2005

28.) Microsoft (2004), Das .NET Compact Framework – Übersicht, http://www.microsoft.com/germany/ms/msdnbiblio/show_all.asp?siteid=545878, Stand: 10.12.2004

29.) Microsoft (2004), Kundenreferenzen zum Thema *Mobilität* und *Microsoft Windows Mobile Software*, http://www.microsoft.com/germany/ms/kundenreferenzen/suchergebni s.asp?unternehmen=&unternehmensgroesse=&themen=Mobilit%E4t&produkte=Microsoft +Windows+Mobile+Software&branchen=&partner=&x=12&y=10, Stand: 04.02.2005

30.) Microsoft (2004), L2TP/IPSec-NAT-T-Update für Windows XP und Windows 2000, http://support.microsoft.com/?scid=kb;de;818043&spid=1173&sid=global, Stand: 28.01.2005

31.) Microsoft (2004), Sichern von WLANs mit PEAP und Kennwörtern / Anhang C: Unterstützte Betriebssystemversionen, http://www.microsoft.com/germany/ms/ security/guidance/modules/peap/c.mspx, Stand: 30.01.2005

32.) Microsoft (2004), Sichern von WLANs mit PEAP und Kennwörtern / Einführung: Festlegen einer Strategie für die WLAN-Sicherheit, http://www.microsoft.com/ germany/ms/security/guidance/modules/peap/int.mspx, Stand: 29.01.2005

33.) Microsoft (2004), Sichern von WLANs mit PEAP und Kennwörtern / Kapitel 6: Konfigurieren der WLAN-Clients, http://www.microsoft.com/germany/ms/ security/guidance/modules/peap/6.mspx, Stand: 01.02.2005

34.) Microsoft (2004), Windows Mobile 2003 Software for Pocket PC, http://www.microsoft.com/windowsmobile/about/tours/ppc/2003/pictures.mspx, Stand: 11.12.2004

35.) Microsoft TechNet (2003), Sicherheit - Datenschutz durch Tunneltechnik, http://www1.microsoft.at/technet/news_showpage.asp?newsid=8968&secid=1488, Stand: 28.01.2005

36.) NetSkill AG (2004), Mobile Security – Die neue Gefahr durch moderne Mobil-telefone, Notebooks und PDAs, http://www.competence-site.de/itsecurity.nsf/ FE19426D402EAEBEC1256F20003A037C/$File/_mobile_security_stefan_ strobel_cirosec.pdf, Stand: 11.12.2004

37.) Ordix AG (2003), Tunnel auf der Datenautobahn, http://www.ordix.de/ onews2/1_2003/siteengine/artikel/sundn_1.html, Stand: 23.12.2004

38.) PCtipp (2004), Bluetooth bekommt schnellere Datenrate, http://www.pctipp.ch/webnews/wn/28811.asp, Stand: 09.11.2004

39.) PPC-Phones (2004), Netzwerkzugriff mit dem Pocket PC, http://www.ppc-phones.de/index.php?site=konfigurationen/pocketpc/activesync_ vpn_wlan.htm, Stand: 22.01.2005

40.) Technik4Netzwerk (2004), VPN – Eine Übersicht,
      http://www.technik4netzwerk.de/VPN-Detail.htm, Stand: 29.12.2004

41.) Technische Universität Cottbus (2003), IPSec - Internet Protocol Security
      http://www-rnks.informatik.tu-cottbus.de/de/teachings/2003/WS/Proseminar
      ComputerNetworking/materials/SebastianPuder.pdf, Stand: 11.01.2005

42.) Teltarif (2004), Erster Trojaner für Pocket PCs aufgetaucht,
      http://www.teltarif.de/arch/2004/kw32/s14515.html, Stand: 13.11.2004

43.) T-Mobile (2004), MDA III von T-Mobile,
      http://www.t-mobile.at/business/mobiles_arbeiten/MDA/, Stand: 14.12.2004

44.) T-Systems International GmbH (2004), Drahtlos oder ratlos – die vielen Facetten
      von WLAN und UMTS, http://www.akinfo.de/image/WLANvsUMTS-VortragAKI-
      2004-01_T-Systems.pdf, Stand: 30.01.2005

45.) Toshiba (2004), Pocket PC e400, http://de.computers.toshiba-europe.com/cgi-
      bin/ToshibaCSG/product_page.jsp?service=DE&PRODUCT_ID=73094,
      Stand: 08.12.2004

46.) Transfer Data Test GmbH (2004), Virtual Private Network,
      http://www.tdt.de/switched/0201/web.html, Stand: 22.12.2004

47.) Trojaner-Info (2004), Firewall Glossar,
      http://www.trojaner-info.de/firewall/firewall_glossar.shtml, Stand: 16.12.2004

48.) Universität Potsdam (2002), Symmetrische Verschlüsselung,
      http://ddi.cs.uni-potsdam.de/Lehre/e-commerce/elBez2-5/page05.html,
      Stand: 18.12.2004

49.) Wikipedia (2004), PalmOne, http://de.wikipedia.org/wiki/PalmOne,
      Stand: 08.12.2004

50.) Wikipedia (2004), Personal Digital Assistant,
      http://de.wikipedia.org/wiki/Personal_Digital_Assistant, Stand: 09.12.2004

51.) Wikipedia (2004), RC4, http://de.wikipedia.org/wiki/RC4, Stand: 19.12.2004

52.) Wikipedia (2004), TCP/IP-Referenzmodell,
      http://de.wikipedia.org/wiki/TCP/IP-Referenzmodell, Stand: 23.12.2004

53.) Windows Mobile Club (2004), Werden PDAs von Smartphones überholt?,
      http://www.pocketpc-salzburg.at/modules.php?name=News&file=article&sid=512,
      Stand: 14.12.2004

c) interviewte Personen

Mörretz, Christian (2004), T-Systems International GmbH, Customer Solutions,
Gespräch vom 25.11.2004

Neuhaus, Christoph (2005), T-Systems International GmbH, Customer Solutions,
Gespräch vom 24.01.2005

www.ingramcontent.com/pod-product-compliance
Lightning Source LLC
La Vergne TN
LVHW092341060326
832902LV00008B/753